Nida-Rümelin
Strukturelle Rationalität

Julian Nida-Rümelin

Strukturelle Rationalität

Ein philosophischer Essay über praktische Vernunft

Reclam

RECLAMS UNIVERSAL-BIBLIOTHEK Nr. 18150

Gesamtherstellung: Reclam, Ditzingen. Printed in Germany 2016
RECLAM, UNIVERSAL-BIBLIOTHEK und
RECLAMS UNIVERSAL-BIBLIOTHEK sind eingetragene Marken
der Philipp Reclam jun. GmbH & Co. KG, Stuttgart
ISBN 978-3-15-018150-8

www.reclam.de

Inhalt

Vorwort

Im Frühjahr 1998 war ich für einige Wochen in Brasilien. Ich war zu Vorträgen eingeladen und wollte zusammen mit meiner brasilianischen Kollegin Leidimar Pereira-Murr an der Übersetzung meines Handbuchs *Angewandte Ethik* ins Portugiesische arbeiten. Alles kam etwas anders und unverhofft blieb Zeit, um mich in einen kleinen Ort im südlichen Bahia zurückzuziehen. Dort gab es keine Verpflichtungen und keine Ablenkungen. So begann ich mit einem schon lange geplanten Projekt, meine Überlegungen zur Theorie praktischer Rationalität, die sich über Jahre in unterschiedlichen Publikationen niedergeschlagen hatten, die aber nirgends im systematischen Zusammenhang dargestellt waren, in einer Monographie mit dem Titel *Strukturelle Rationalität* zusammenzuführen und auszuarbeiten. Ich diktierte einen Text auf Band, der die Grundstruktur dieser Monographie skizzieren sollte, gewissermaßen als Nukleus der beabsichtigten größeren Abhandlung. Da ich keinerlei Literatur dabeihatte, kam ich erst gar nicht in Versuchung, mich auf die Details anderer Auffassungen einzulassen. Die Argumentation musste sich unter diesen Bedingungen auf das Wesentlichste konzentrieren.

Nach der Lektüre der Tonbandabschrift entschied ich, entgegen der ursprüngliche Planung, diesen Text zu ergänzen und zu überarbeiten, ihn aber nicht in der beabsichtigten größeren Abhandlung aufgehen zu lassen. Ich hatte den Eindruck, dass die Grundgedanken der Konzeption struktureller Rationalität in dieser kompakten unakademischen Form deutlicher werden als im größeren Kontext einer detaillierten, die aktuelle philosophische Diskussionslage kommentierenden Untersuchung. Leserinnen und Leser, die sich für Details dieser Konzeption interessieren, wie z. B. für die Frage der entscheidungstheoretischen Einbettbarkeit oder für die Rolle praktischer Kohärenz, können auf andere Publikationen verwiesen werden.

Es handelt sich um einen Essay nicht nur wegen des geringen Umfangs dieses Büchleins. Die Argumentation kreist um philosophische Grundfragen der praktischen Vernunft, deren Beantwortung mir in Gestalt einer geschlossenen Theorie nicht (mehr) möglich zu sein scheint, ohne dass ich deshalb in das Lager der Antitheoretiker übergewechselt wäre. Über weite Strecken muss die Argumentation ein ›Versuch‹ bleiben, muss an Intuitionen appellieren, Einsichten umschreiben, auf Sachverhalte hinweisen – die große, umfassende, ausgereifte Theorie praktischer Vernunft ist auf absehbare Zeit, wenn es sie denn überhaupt je geben wird, nicht verfügbar.

»Strukturelle Rationalität« ist eher eine Sichtweise als eine Theorie. Konkurrierende Sichtweisen sollen hier nicht widerlegt werden. Wenn es gelingt, einige attraktive Züge einer strukturellen Betrachtung aufzuzeigen, ist das Ziel dieses Essays erreicht. Eine Art Widerlegung des Konsequentialismus (der wichtigsten konkurrierenden Auffassung praktischer Vernunft) habe ich vor Jahren versucht. Ich bin sogar nach wie vor überzeugt, dass sie trägt – aber ich weiß natürlich, dass es zahlreiche Möglichkeiten gibt, sich dieser Widerlegung zu entziehen. Der folgende Essay kann als konstruktives Pendant zu meiner *Kritik des Konsequentialismus* (1993) gelesen werden, ohne dass die Kenntnis dieser früheren Schrift zum Verständnis nötig ist. Er versucht zu klären, was die Charakteristika vernünftiger Praxis und gelungenen Lebens sind. Da wir uns in vielen Fällen einig sind, was eine vernünftige Praxis im konkreten Einzelfall ausmacht, kann das philosophische Gespräch beginnen.

Die hier skizzierte Konzeption praktischer Vernunft belege ich mit dem Terminus »strukturelle Rationalität«, weil sie von der Überzeugung getragen ist, dass die einzelne Handlung – sofern sie nicht unvernünftig ist – in einen größeren (strukturellen) Rahmen des Verhaltens, der individuellen Lebensform und der gesellschaftlichen Kooperation eingebettet ist. *Gründe, die für eine bestimmte strukturelle Handlungsweise sprechen, sind ipso facto zugleich auch Gründe für diejenige punktuelle Handlung, die dieser Handlungsweise entspricht.* Dieser Gedanke ist uns allen aus den praktischen Abwägungen des Alltags vertraut, die zeitgenössische praktische Philosophie tut sich jedoch schwer, ihm gerecht zu werden.

Die einzelnen Kapitel dieses Bandes behandeln unterschiedliche Aspekte dieses einen Grundgedankens. Dabei kommen verschiedene Themen der praktischen Philosophie zur Sprache: Freiheit, Kooperation, Kommunikation, Willensschwäche usw. Meine Hoffnung ist, dass sich die einzelnen Teile für die Leserinnen und Leser zu einem kohärenten Bild zusammenfügen.

Einleitung und Übersicht

Wenn man sich unter einer Theorie praktischer Vernunft eine Art Rezeptbuch vorstellt, das Vorschriften macht, wie in welchen Situationen zu handeln ist, dann wäre diese Schrift kein Beitrag dazu. Tatsächlich hat die Rezeptbuch-Vorstellung die Diskussion um praktische Vernunft immer wieder in die Irre geführt. Die Voreingenommenheit gegen kohärentistische Ansätze, das Beharren auf stark normativistischen Theorien hat hierin eine Ursache. Gegen Rezeptbücher, gegen stark normativistische Theorien praktischer Vernunft, spricht, dass wir die Gründe für unser Handeln nicht einfach neu erfinden können. Umgekehrt wird ein Schuh daraus: Eine Theorie praktischer Vernunft muss sich an den gegebenen guten Handlungsgründen bewähren.

Wenn man will, kann man diese hier geäußerte Überzeugung als eine »aristotelische« bezeichnen. Damit könnte jedoch das Missverständnis verbunden sein, dass Fragen des richtigen Handelns (»normative« Fragen) und Fragen des richtigen Urteilens (»theoretische« Fragen) mit grundlegend verschiedenen Methoden angegangen werden müssten. Auch in der zeitgenössischen Ethik wird immer wieder das Modell naturwissenschaftlicher Präzision dem Modell alltagskluger Beratung in praktischen Fragen gegenübergestellt. Bei dieser Gegenüberstellung gerät leicht aus dem Blick, dass die wissenschaftliche Methode nicht auf das Gesamt unserer deskriptiven Überzeugungen Anwendung findet, sondern nur auf kleine und für unsere Lebenswelt oft unbedeutende Ausschnitte. Zu den deskriptiven Überzeugungen, die keiner wissenschaftlichen Analyse unterworfen werden oder jedenfalls keiner wissenschaftlichen Analyse und Rechtfertigung bedürfen, gehören dabei nicht nur die Erfahrungsurteile des Alltags, die durch unsere unmittelbare Wahrnehmung gestützt sind, sondern z. B. auch die für das soziale Leben konstitutiven Bereiche des Mentalen. Wir nehmen andere Personen als solche wahr, die Absichten verfolgen, Wünsche haben, Schmerz empfinden etc., und wir können uns auf diese Urteile in der Regel gut verlassen. Die Psychologie als Wissenschaft ist für diese Urteile und ihre Rechtfertigung ganz unerheblich. Die wissenschaftliche Analyse dient der Rechtfertigung in unserer Lebenswelt nur dort, wo konkurrierende theoretische oder praktische Gründe ins Spiel kommen, d. h. Gründe, die sowohl für wie gegen ein bestimmtes deskriptives oder normatives Urteil sprechen.

Praktische und theoretische Vernunft befassen sich mit Gründen für theoretische und normative Urteile. Hier liegt der Einwand nahe, dass eine Theorie, die sich mit Gründen für Urteile befasst, nicht als eine Theorie genuin *praktischer* Vernunft bezeichnet werden kann. Schließlich sei das Prädikat »praktisch« erst dann gerechtfertigt, wenn Handlungen ins Spiel kommen. Solange es dagegen um Gründe für Urteile geht, befänden wir uns noch ganz im Bereich theoretischer Vernunft. Ich halte diesen Einwand aus zwei Gründen für falsch: Zum einen, weil Handlungen im Falle einer rationalen Person Ergebnis der Abwägung sowohl praktischer wie theoretischer Gründe sind. Handlungen repräsentieren gewissermaßen die von der Person akzeptierten theoretischen und praktischen Gründe in ihrer Gesamtheit. Zum anderen werden wir später für eine Handlungskonzeption argumentieren, die man stoizistisch nennen kann: *prohairesis krisis estin.*[1] Demnach ist jede Wahl einer Handlung (jede Präferenz) ein Urteil. Diese Auffassung steht jenseits der traditionellen Polarität von humescher und kantischer Handlungstheorie, da sie jedes Handeln – nicht nur das moralische – als Ausdruck einer (mehr oder weniger) rationalen Stellungnahme zu Gründen interpretiert.

Ich werde im Folgenden die Auffassung vertreten, dass Handlungen in der Tat Ausdruck einer Stellungnahme der Person sind, die ihrerseits auf Gründen beruht. Der Übergang von dieser Stellungnahme zu konkreten Handlungen ist nicht mehr Gegenstand der Theorie praktischer Vernunft, sondern sollte eher einer Disziplin wie der Neuropsychologie zugeordnet werden. Der Zusammenhang zwischen intentionalen Zuständen und Verhalten ist – zugegebenermaßen – einigermaßen obskur, aber dies ist kein Problem der Theorie praktischer Vernunft, die ihren Schlusspunkt in wohl begründeten intentionalen Zuständen (rationalen Entscheidungen) hat. Atomare, handlungsleitende Entscheidungen, die mit entsprechenden atomaren Handlungen korrespondieren, sind die letzten Elemente, die den Kriterien praktischer Vernunft unterstehen. Diese Korrespondenz zwischen manifestem Verhalten und Entscheidung kann gestört sein. Wenn es sich nicht um

1 Mir scheint, dass man der Stoa nicht nur ein objektivistisches Verständnis praktischer Gründe, sondern auch eine kognitivistische Handlungs- und Gefühlstheorie unterstellen muss, besonders deutlich in Fragmenten Chrysipps, *Stoicorum veterum fragmenta*, 3.459 und 3.481. Ob meine Überlegungen stoizistische Züge haben oder nicht, ist jedoch letztlich ohne Belang.

einen Fall von Willensschwäche handelt, sind diese Störungen jedoch nicht mehr der handelnden Person selbst zuzurechnen, das Verhalten verliert seinen Handlungscharakter. Bloßes Verhalten jedoch, das keinen Handlungscharakter hat, weil die konstitutiven intentionalen Begleitumstände fehlen, kann nicht Gegenstand der Theorie praktischer Vernunft sein.

Die heute dominierende Auffassung, im Folgenden als »Standardtheorie« bezeichnet, die oft mit David Hume in Verbindung gebracht wird, verfehlt interessanterweise gerade das Spezifikum praktischer Vernunft, da sie in letzter Instanz nur eine Rationalität deskriptiver Überzeugungen kennt.[2] Konativen Einstellungen (Wünschen, Befürchtungen, Hoffnungen etc.) kann man Rationalität weder zuschreiben noch abstreiten, sie unterstehen nur insofern einer rationalen Kritik, als sie auf deskriptiven (begründeten oder unbegründeten) Annahmen beruhen. Das, was die handelnde Person motiviert, ist der rationalen Kritik entzogen. Kurz: Das heute in der Philosophie und einigen Einzelwissenschaften überwiegende Verständnis praktischer Rationalität bestreitet, dass es genuine praktische Rationalität gibt. Im ersten Kapitel des vorliegenden Essays werden Handlungen dagegen so verstanden, dass sie jeweils Ausdruck sowohl normativer wie deskriptiver Überzeugungen sind. Normative und deskriptive Überzeugungen sind gleichermaßen begründbar (rationalitätszugänglich).

2 In Humes Worten: »It is not irrational to prefer the destruction of the world to the scratching of my finger.« Die radikale Revision unseres lebensweltlichen Verständnisses praktischer Vernunft wird hier deutlich – sie setzt sich in den zeitgenössischen Varianten in einer verdeckteren Form fort.

Diese Einsicht hat, obwohl in Einklang mit unseren Alltagsintuitionen, vor allem deshalb einen schweren Stand, weil sie in der philosophischen Kontroverse mit unnötigen metaphysischen Begründungslasten beschwert wurde. Auch wenn ihre Entstehungsgeschichte nachvollziehbar ist, wäre es doch längst an der Zeit, die Asymmetrie zwischen Begründung ohne metaphysischen und ontologischen Fundamentalismus in den Naturwissenschaften (und metatheoretisch in der Wissenschaftstheorie) einerseits und Begründung in der Ethik mit metaphysischem Fundierungszwang andererseits aufzugeben.[3] Eine physikalische Theorie ist gut oder schlecht begründet, ganz unabhängig vom ontologischen Status der Entitäten, über die sie spricht. In welchem Umfang und in welcher Form metaphysische und speziell ontologische Fragen sinnvoll zu stellen sind, kann hier ganz offen bleiben – auch, wenn meine Skepsis zwischen den Zeilen wohl nicht verborgen bleiben wird. Jedenfalls ist ihre Beantwortung keine Vorbedingung einer überzeugenden normativen Theorie.

Die Standardtheorie steht in einem schwer aufzulösenden Konflikt mit unserem Selbstverständnis als rationale Personen. Die Zurückführung von Handlungen auf treibende und letztlich rationalitätsunzugängliche Wünsche und deskriptive, die Handlung als Instrument der Wunscherfüllung steuernde Überzeugungen verliert in genauerer Analyse schon bei einfachen alltäglichen Beispielen ihre Plausibilität. Direkte Wunschkritik lässt sich nicht in Gestalt einer Kritik deskriptiver Überzeugungen umgehen.

3 Die positivistische und später naturalistische Metaphysik, die die analytische Philosophie lange Zeit dominierte, hat diese Asymmetrie wesentlich geprägt.

Wenn diese Diagnose zutrifft, stellt sich die Frage, warum die Standardtheorie bis heute überleben konnte. Die Antwort lautet, sie bezieht ihre Überzeugungskraft aus einer bis in das 17. Jahrhundert zurückreichenden »Physik des Wollens«. Diese Physik hat Thomas Hobbes in *De corpore* detailliert ausgearbeitet. Sie ist natürlich unterdessen vom Stand unserer naturwissenschaftlichen Kenntnisse so weit entfernt, dass sie – im Gegensatz zur politischen Theorie Hobbes' – keinerlei systematische, lediglich noch eine geistesgeschichtliche Bedeutung hat. Rudimente der wissenschaftlichen Entwicklung früherer Epochen leben aber in unserem Alltagswissen fort und sind nicht ohne Einfluss auf das, was uns intuitiv plausibel erscheint. Sich diesen Zusammenhang klargemacht zu haben, erleichtert den Abschied von der Standardtheorie.

Wesentlich für die Zurückweisung der Standardtheorie ist die These der Abgeschlossenheit physikalischer oder naturalistischer Beschreibung. Dies klingt nach Physikalismus und scheint damit nur noch eine sehr schwache Idee menschlicher Willens- und Handlungsfreiheit, etwa im Sinne einer Konditionalanalyse, wie sie zuerst George Edward Moore vorgeschlagen hat, zuzulassen. Tatsächlich ist die Abgeschlossenheitsthese jedoch mit der stärksten nur denkbaren Konzeption von Willens- und Handlungsfreiheit vereinbar. Dies wird in Kapitel 2 dargelegt. Wir können an unserer natürlichen Interpretation von Willens- und Handlungsfreiheit festhalten, ohne das naturwissenschaftliche Weltbild zu revidieren, weil selbst »deterministische« Systeme unterbestimmt sind.

Damit sind die Voraussetzungen geschaffen, um in

Kapitel 3 die Konzeption struktureller Rationalität einzuführen. Freie rationale Handlungen zeichnen sich dadurch aus, dass sie mit bestimmten, von der handelnden Person intendierten Strukturen konform sind. Die Person realisiert auf diese Weise »strukturintentional« ihre Lebensform, ohne sich ihrer Freiheit begeben zu müssen, wie dies die Standardtheorie nahe legt. Die punktuelle Handlung wird gewählt, weil sie der gewünschten Struktur entspricht. Zusätzliche Motive oder Sanktionen, die solche zusätzlichen Motive erst hervorbringen würden, sind nicht erforderlich.

In Kapitel 4 geht es um Strukturen, die den Handlungen durch Gründe auferlegt werden. Handlungsbindung ist mit Handlungsfreiheit vereinbar, wenn diese über Gründe erfolgt. Handlungsgründe kommen in diesen Strukturen zum Ausdruck. Es ist analytisch wahr, dass wir für unsere Handlungen Gründe angeben können: Es gibt keine Handlung ohne leitenden Grund. Auch eigene Neigungen können Handlungen nur insoweit bestimmen, als sie von der Person als ein guter Handlungsgrund akzeptiert werden. Neigungen bestimmen Handlungen nicht unmittelbar, sondern nur vermittels einer Stellungnahme der handelnden Person. Gründe beziehen das Besondere der jeweiligen Handlungssituation mit ein, einschließlich der subjektiven Merkmale der handelnden Person. Die Gründe selbst sind aber nie subjektiv. Meinungsverschiedenheiten über Handlungsgründe sind ebenso zu behandeln wie solche über Tatsachen. Die Form, in der wir über praktische Fragen denken und diskutieren, lässt lediglich eine objektivistische Interpretation zu.

Ein zentraler Typus guter Handlungsgründe ist auf

Kooperation mit anderen Personen ausgerichtet. Obwohl die Formen konkreter Kooperation sehr vielfältig sind und sich manche gesellschaftliche Praxis erst bei genauerer Analyse als Kooperation erweist, lässt sich Kooperation in voller Allgemeinheit einfach charakterisieren. Dabei zeigt sich, dass individuelle Optimierung und Kooperation bei angemessenem Gebrauch der Begriffe unvereinbar sind. Genuine Kooperation verlangt daher, wie in Kapitel 5 gezeigt wird, strukturell rationales Handeln. Kooperation ist geradezu paradigmatisch für die Konzeption struktureller Rationalität: Wenn eine Person eine Handlungsstruktur mit guten Gründen befürwortet, dann ist *eo ipso* auch ihre individuelle Handlung, die Teil dieser befürworteten Struktur ist, rational.

Kommunikation beruht auf Regeln. Der Status dieser Regeln ist in der Sprachphilosophie umstritten. Eine Auffassung (die der intentionalistischen Semantik) besagt, dass die Bedeutung sprachlicher Ausdrücke in letzter Instanz auf das Meinen kommunizierender Personen zurückzuführen ist. Die für das Sprechen einer Sprache konstitutive Regeleinhaltung bliebe aber unverständlich, wenn die Sprecher und Hörer als je punktuelle Optimierer aufgefasst werden müssten. In Kapitel 6 zeigt sich, dass kommunikative Rationalität erst im Rahmen einer Konzeption struktureller Rationalität plausibel ist.

Unser Handeln ist von Intentionen geleitet. Diese weisen Strukturen auf und sind selbst eingebettet in den umfassenderen Kontext epistemischer (Überzeugungen, Vermutungen, Erwartungen etc.) und konativer (Wünsche, Hoffnungen, Ängste etc.) Einstellungen. Die Rationalität einer Person schlägt sich in intentionalen Strukturen nieder. Theoretische und praktische Gründe korrespondieren mit epistemischen und konativen Einstellungen, auf denen die Stellungnahmen beruhen, die sich in unserem Handeln abbilden (Kapitel 7).

Eine Person handelt willensstark, wenn sie punktuell das tut, was sie als strukturell rational erkannt hat. Willensschwäche äußert sich in strukturell irrationaler, punktueller Optimierung. Willensstärke ist Voraussetzung für verantwortliches Handeln. Verantwortung wahrnehmen verlangt, sich von den jeweiligen (punktuellen) Situierungen in einem gewissen Maße unabhängig zu machen. In einem Minimalsinne sind Menschen, auch willensschwache, jedoch für alle ihre Handlungen verantwortlich (Kapitel 8).

Die im vorliegenden Essay skizzierte Konzeption struktureller Rationalität kann als eine Konkretisierung dessen verstanden werden, was dem Handeln und der Lebensform insgesamt Kohärenz gibt. Dabei spielen existentielle Entscheidungen eine besondere Rolle, die selbst nur begrenzt rationalisiert werden können (Kapitel 9).

1
Handeln aus Überzeugung

Es gibt eine verführerisch einfache Theorie praktischer Vernunft, die in der englischsprachigen Literatur meist als »humean« (nach David Hume) bezeichnet wird. Ich möchte es gern offen lassen, ob diese Theorie tatsächlich von David Hume vertreten wurde, und nenne sie daher die Standardtheorie. Die Theorie präsentiert sich als Analyse der Handlungsmotivation. Sie ist als Antwort auf die Frage gedacht: Was bringt uns dazu, eine bestimmte Handlung auszuführen? Handlungen sind demnach das Ergebnis eines inneren Antriebs der handelnden Person – ohne diesen inneren Antrieb würde die Person nicht handeln. Dieser innere Antrieb nimmt allerdings erst dann den Charakter eines konkreten Wunsches an, wenn bestimmte (deskriptive) Überzeugungen hinzutreten. Ich bilde den Wunsch aus, einen Teller Spaghetti Marinara zu bestellen, weil ich (1) Hunger habe (der innere Antrieb) und (2) erwarte, dass mein Hunger durch den Verzehr eines Tellers Spaghetti Marinara gestillt wird. Ohne diese Überzeugung (2) wäre der innere Antrieb (meinen Hunger zu stillen) gewissermaßen richtungslos. Bei diesem Beispiel liegt es nahe, die Analyse einen Schritt weiterzutreiben und einen Wunsch, der ausschließlich auf das Stillen des Hungers gerichtet ist, von einem handlungsleitenden Wunsch, der einen konkreten Weg bestimmt, dieses Ziel zu erreichen, zu unterscheiden. Der erste gibt meinem Handeln im Vergleich zum zweiten noch keine Richtung vor, weil die

Überzeugungen, auf welchem Wege der Hunger zu stillen ist, noch nicht ins Spiel kommen. Im Hinblick auf seine handlungsleitende Kraft ist der erste Wunsch noch ungerichtet. Um Hunger zu empfinden und einen entsprechenden Wunsch auszuprägen, diesen Hunger zu stillen, bedarf es noch keiner Abwägung, in welcher Weise dieser Wunsch erfüllt werden kann.

Um die Standardtheorie möglichst plausibel und trennscharf zu machen, können wir eine Kausalbeziehung zwischen bestimmten Empfindungen und korrespondierenden, in diesem Sinne *ungerichteten* Wünschen annehmen. Wenn wir annehmen, dass diese Kausalbeziehung so funktioniert, dass sie auf eine subjektive Verbesserung der Empfindungslage gerichtet ist, wäre die Standardtheorie mit einer hedonistischen Konzeption basaler (ungerichteter) Wünsche verbunden. Diese Form des Hedonismus wäre dabei streng empirisch und nicht normativ zu verstehen. Sie behauptet nicht, dass ein Wunsch rational ist, sofern er auf eine Verbesserung der subjektiven Empfindungslage gerichtet ist, sondern sie behauptet, dass basale Wünsche kausal auf diese Weise hervorgebracht werden. Als normative Theorie würde der Hedonismus behaupten, man solle danach streben, die eigene subjektive Empfindungslage zu verbessern.

Hungergefühle kommen und gehen; sie sind für die meisten Menschen, jedenfalls direkt, nicht beeinflussbar. Hunger muss gestillt werden, damit dieses Gefühl verschwindet. Für die meisten von uns reicht es nicht aus, sich vorzunehmen (sich zu entscheiden), keinen Hunger zu haben, um das Hungerempfinden zu beseitigen. Dabei gäbe es, besonders für Übergewichtige, oft gute

Gründe, die gegen Hungergefühle sprechen. Es wäre für manche Menschen wünschenswert, das eine oder andere Mal kein Hungerempfinden zu haben und damit auch den – wie wir annehmen wollen kausal verknüpften – Wunsch zu entbehren, diesen Hunger zu stillen. Erwägungen dieser Art ändern jedoch nichts an dem periodisch auftretenden Hungergefühl. Dieses Beispiel kann man als paradigmatisch für die Standardtheorie ansehen.

Stellen wir uns einen Fluss von Empfindungen in der Zeit vor, die mit einer bestimmten subjektiven Gefühlslage verbunden sind. Diese wiederum werden begleitet von einem zeitlichen Fluss ungerichteter Wünsche, die auf eine Verbesserung dieser Gefühlslagen zielen.[4] So wie der Fluss der Empfindungen in der Zeit nicht unserer Kontrolle untersteht, so sind auch die korrespondierenden ungerichteten Wünsche unserer Kontrolle entzogen. Rationalität kommt erst ins Spiel, wenn deskriptive Überzeugungen hinzutreten, die ungerichtete Wünsche in gerichtete, handlungsleitende Wünsche überführen. Diese Überzeugungen können richtig und falsch sein, und es mag gute Gründe geben, die eine Überzeugung für richtig und die andere für falsch zu halten. Rationalität verlangt, diese Abwägung in angemessener Weise vorzunehmen. Überzeugungen allein können jedoch Handlungen nicht anleiten, da diese eines Movens bedürfen, und dieses Movens speist sich aus der

4 Diese müssen deshalb weiterhin als ungerichtete Wünsche verstanden werden, da ihr propositionaler Gehalt (das, was gewünscht wird, bzw. der Sachverhalt, dessen Realisierung gewünscht wird) sich auf die Verbesserung des eigenen mentalen Zustandes beschränkt. Man könnte auch sagen, sie sind auf die innere und nicht auf die äußere Welt gerichtet und daher nicht geeignet, dem Handeln, das in die äußere Welt eingreift, eine Richtung zu geben.

Quelle ungerichteter Wünsche, die unserer Kontrolle generell und einer rationalen Bestimmung speziell entzogen sind.

Gegen die Standardtheorie spricht, dass wir in der Regel Gründe für unsere Wünsche angeben können und uns dabei nicht nur auf deskriptive, sondern auch auf normative Überzeugungen stützen. Die deskriptiven Überzeugungen spielen eine Rolle, um zu bestimmen, welche Handlung geeignet ist, unsere Wünsche zu erfüllen. Die normativen Überzeugungen können ebenfalls eine in diesem Sinne *handlungsorientierende* Rolle spielen, z. B. indem sie Grenzen bestimmen, die der Verfolgung eigener Interessen aus Rücksichtnahme anderen Menschen gegenüber gesetzt sind. Oft aber gehen normative Überzeugungen den Wünschen voraus, das heißt, sie beschränken sich nicht darauf, einem bestehenden Wunsch eine Richtung zu geben und damit zur Handlungsorientierung beizutragen, sondern sie sind selbst der Grund dafür, einen Wunsch auszubilden.

Wenn jemand sich wünscht, dass eine bestimmte Person bestraft wird, dann hat sie Antworten parat wie: »Diese Person hat sich schließlich schuldig gemacht«, oder: »Wenn Menschen, die so etwas tun, nicht bestraft werden, dann käme es häufiger zu solchen Verbrechen«, oder: »Dies gebietet die Gerechtigkeit ...«. Gründe solcher Art können in Zweifel gezogen werden, und zur Verteidigung stehen oft ausgewachsene (z. B. rechtsethische) Theorien zur Verfügung. Selbst in den Fällen, in denen Wünsche eine unmittelbare Folge von Gefühlen sind, können Gründe angegeben werden, die für oder gegen die betreffenden Gefühle sprechen. Wenn jemand sagt: »Ich wünsche mir, dass er mit diesem Projekt scheitert«, und nach den Gründen befragt antwortet: »Weil ich ihn hasse«, dann ist auch dieses Gefühl wiederum begründungsbedürftig. Begründungen von Gefühlen sind dabei in der Regel keine kausalen Erklärungsskizzen. Bestimmte Gefühle gelten uns allen als gerechtfertigt oder ungerechtfertigt, d. h., wir halten es für angemessen oder unangemessen, richtig oder falsch, dass eine Person unter bestimmten Bedingungen bestimmte Gefühle hat. Gefühle sind ausweislich unserer Alltagskommunikation nicht der normativen Kritik entzogen. Wo Gründe und Gegengründe angegeben werden, steht die Rationalität in Frage. Die Beweislast liegt bei denen, die behaupten, dass das, für welches Gründe und Gegengründe angeführt werden, grundsätzlich keiner Begründung fähig sei, d. h. zu einer Kategorie von Gegenständen gehört, die einer Rationalitätskritik entzogen sind.

Ich sagte oben, am überzeugendsten sei die Standardtheorie, wenn man eine hedonistische Anthropologie voraussetze. Wenn wir Menschen tatsächlich so beschaffen wären, dass unsere primären, ungerichteten Wünsche eine kausale Reaktion auf Empfindungslagen wären und auf eine Verbesserung dieser Empfindungslagen zielten, dann könnte die Begrenzung von Rationalität auf theoretische Rationalität, d. h. auf die Begründung von deskriptiven Überzeugungen, gut verteidigt werden. Wenn wir zwischen epistemischen und konativen Zuständen einer Person unterscheiden – wobei die epistemischen Zustände durch die deskriptiven Überzeugungen charakterisiert sind, die die Person zum betreffenden Zeitpunkt hat, und die konativen durch die Wünsche, Präferenzen, Hoffnungen etc. –, so bietet die hedonistische

Anthropologie eine Möglichkeit an, das Gesamt der konativen Zustände aus fundamentalen, arationalen, ungerichteten, hedonistischen Primärwünschen unter Einbeziehung der jeweils einschlägigen epistemischen Bedingungen abzuleiten.

Die hedonistische Variante der Standardtheorie ließe sich allerdings nur dann aufrechterhalten, wenn (1) die basalen Wünsche in der beschriebenen Weise (hedonistisch) aus Empfindungslagen hervorgehen und sich (2) alle übrigen Elemente eines konativen Zustandes, und d.h. unter anderem alle nicht-basalen Wünsche, aus den basalen herleiten lassen, indem entsprechende (deskriptive) Überzeugungen herangezogen werden. Um die hedonistische Variante der Standardtheorie zurückzuweisen, würde es genügen, (1) oder (2) zu bestreiten. Tatsächlich scheinen mir beide Annahmen (1) und (2) ganz unplausibel zu sein. Einen solchen kausalen Mechanismus der Festlegung basaler Wünsche gibt es nicht, und eine Reduktion der beschriebenen Art auf basale Wünsche (unabhängig davon, wie diese bestimmt sind) ist nicht möglich.

Beginnen wir mit (2). Wie soll diese Reduktion im obigen Beispiel aussehen? Der jeweilige Wunsch müsste durch den basalen Wunsch unter der jeweiligen epistemischen Prämisse hervorgehen.

(a) Ich wünsche *p*.
(b) Ich weiß, dass *p* nur zu erreichen ist, wenn *q*.

(c) Ich wünsche *q*.

Prüfen wir, ob dieses Schema mit einiger Plausibilität auf den Wunsch, dass eine Person bestraft wird, weil sie ungerecht gehandelt hat, anwendbar ist. Der Wunsch lautet: (c') Ich wünsche, dass diese Person bestraft wird. Was ist hier für (a) und (b) einzusetzen?

Für (a') müsste ein basaler Wunsch angegeben werden und für (b') eine Überzeugung, die die Bestrafung dieser Person notwendig macht, um diesen Wunsch zu erfüllen. Nahe liegend sind folgende Einsetzungen:

(a') Ich wünsche, dass alle Personen für ihre ungerechten Handlungen bestraft werden.
(b') Ich bin davon überzeugt, dass diese Person ungerecht gehandelt hat.

Woraus sich ergibt:

(b") Nur wenn diese Person bestraft wird, kann sich mein Wunsch (a') erfüllen, dass alle Personen für ihre ungerechten Handlungen bestraft werden.

(c') Ich wünsche, dass diese Person bestraft wird.

Das Schema ist erfüllt. Dennoch können wir mit dieser Analyse nicht zufrieden sein, denn die Rückführung des konkreten Wunsches (c') auf den Wunsch (a') stellt die Motivationsstruktur nicht angemessen dar. Im Rahmen dieses Schemas scheint es auch keine Möglichkeit zu geben, die Analyse wesentlich zu verbessern, denn der Wunsch, dass diese Person bestraft wird, repräsentiert eine (normative) Überzeugung, nämlich die, dass Personen für ihre ungerechten Handlungen bestraft werden sollten. Es ist nicht möglich, diese Motivstruktur durch die Angabe eines basalen Wunsches, also einer entsprechenden Einsetzung für p bei (a), zu rekonstruieren. Der Wunsch (c') ist begründet bzw. rational bezüglich der genannten normativen Überzeugung und der zusätzlichen (deskriptiven) Annahme, dass die betreffende Person ungerecht gehandelt habe. Die Motivstruktur wäre in etwa der folgenden Weise wiederzugeben:

(a") Personen (der Art *x*) sollten für Handlungen (der Art *y*) bestraft werden.
(b") Diese Person (ist von der Art *x* und) hat eine ungerechte Handlung (der Art *y*) vollzogen.

(c") Diese Person sollte bestraft werden.

Explizit auf die wünschende Person bezogen:

(a"') Ich bin davon überzeugt, dass (a").
(b"') Ich bin davon überzeugt, dass (b").

(c"') Ich bin überzeugt, dass (c")
(und insofern wünsche ich,
dass diese Person bestraft wird).

Vielleicht wird die betreffende Person nur widerwillig einräumen, dass sie die Bestrafung *wünsche*. Sie könnte darauf beharren, dass sie die Bestrafung als angemessen, geboten oder (in einem normativen Sinne) notwendig erachte, und hinzufügen, ihre Wünsche täten hier nichts zur Sache. Sie könnte auf eine Bedeutungsdifferenz hinweisen, die zwischen »eine Bestrafung befürworten« und »eine Bestrafung wünschen« bestehe, und dies etwa so erläutern: »Mir geht es deswegen nicht besser, ich habe nichts davon, dass die Person bestraft wird. Wenn meine Wünsche erfüllt werden, geht es mir jedoch besser, als wenn meine Wünsche nicht erfüllt werden – und zwar allein deswegen, nicht etwa, weil durch die Erfüllung eines Wunsches andere Dinge realisiert werden, die in meinem Interesse sind. *Ceteris paribus* gilt, dass die Erfüllung einer meiner Wünsche immer in meinem Interesse ist. Dies ist Bestandteil der Bedeutung von ›einen Wunsch haben‹. Die Bestrafung der betreffenden Person ist jedoch nicht in meinem Interesse, also kann man dies auch nicht als einen ›Wunsch von mir‹ bezeichnen.« Um diesem Einwand gerecht zu werden, empfiehlt es sich, zwischen »Wunsch« (und »wünschen«) im engeren Sinne, einem »*genuinen* Wunsch« und »Wunsch« (und »wünschen«) im weiteren, technischen Sinne zu unterscheiden. Im alltäglichen Sprachgebrauch ist von »Wünschen« meist nur im engeren Sinne die Rede. »Wünsche« im weiteren, technischen Sinne würde der Verwendung in der Klammer bei (c''') entsprechen. Die Standardtheorie bezieht einen Teil ihrer suggestiven Wirkung aus der Vermengung beider Verwendungsweisen. Der zunehmende Gebrauch des Terminus »Präferenz« scheint mir nicht nur dem Einfluss der Entscheidungstheorie und der Ökonomie geschuldet zu sein, sondern auch dem Bedarf nach einem inhaltlich noch unbestimmten, aber umfassenden Terminus für ein weites Spektrum konativer Einstellungen – auch in der Erwartung, dass sich die komplexe Vielfalt dieses Spektrums durch theoretische Klärung vereinheitlichen lässt. Ich habe mit der weiten Verwendung von »Wunsch« (im Englischen entsprechend der weiten Verwendung von »desire«) bzw. Päferenz (»preference«) keine Probleme. Ich kritisiere die Standardtheorie nicht in der Weise, dass ich bestreite, dass etwa in unserem Beispiel aus der Überzeugung, dass die Person bestraft werden sollte, sich ein entsprechender Wunsch nach ihrer Bestrafung ergibt. Diese (weite) Redeweise darf jedoch nicht missbraucht werden – etwa zur Rechtfertigung der These, die Wünsche der handelnden Person seien die Basis jeder praktischen Begründung. In unserem Beispiel ist eine normative Überzeugung die Basis und kein Wunsch. Das bleibt zutreffend, obwohl jede Handlung mit Wünschen (im weiteren Sinne) trivialerweise verbunden ist: motivierenden, vorausgehenden und (handlungs)begleitenden Wünschen.

In diesem Beispiel hatten wir eine Person vor Augen, die entrüstet wäre, wenn man ihr persönliche Neigungen unterstellte, die für ihre Überzeugung, die betreffende Person solle bestraft werden, ausschlaggebend seien. Denkbar ist aber, dass jemand, wenn er Unrecht sieht, wütend wird und eine andere Art Wunsch, dass der Übeltäter bestraft wird, ausprägt,[5] einen Wunsch, dessen Erfüllung seinem Wohlergehen förderlich ist: Er fühlt sich besser, er ist erleichtert, seine Wut verraucht, wenn er den Übeltäter bestraft sieht. In diesem Fall ist der Übergang in (c''') von »Ich bin überzeugt, dass die Person bestraft werden sollte« zu »Ich wünsche, dass die Person bestraft wird« von einer anderen Art. Der Wunsch ist nun ganz zweifellos ein genuiner Wunsch, nicht nur ein Wunsch im weiteren, technischen (und eigentlich trivialen) Sinne. Das ändert allerdings nichts daran, dass auch dieser Wunsch durch ein normatives Urteil begründet ist und wir jedenfalls hoffen können, dass auch der Emotionalere seinen Bestrafungswunsch davon abhängig macht, dass eine Bestrafung gerecht ist.

5 Diese Variante füge ich auf Anregung Rüdiger Bittners hinzu.

Hartnäckige Verteidiger der Standardtheorie könnten an dieser Stelle wieder rückfällig werden und darauf beharren, dass der Übergang von der singulären normativen Überzeugung zum Wunsch in (c''') ein *non sequitur* sei und man daher schon (a''') als einen Wunsch umformulieren müsse. Nun mag es durchaus Menschen geben, die einen konkreten Wunsch nach Bestrafung einer Person auf einen grundlegenderen eigenen Wunsch zurückführen. Das ist aber alles andere als zwingend, und in diesem Fall wäre es für nicht-sadistische Personen äußerst ungewöhnlich. Eine rationale Person hat Wünsche, die ihren normativen und deskriptiven Überzeugungen entsprechen. Die betreffende normative Überzeugung erzwingt dabei den korrespondierenden Wunsch nicht in einer Weise, die man »logisch« oder »kausal« bezeichnen kann. Unsere These ist schwächer: Sie besagt, dass eine rationale Person mit den betreffenden normativen und deskriptiven Überzeugungen den genannten Wunsch (unter normalen Umständen) hat. Diese These ist Teil der Charakterisierung einer rationalen Person.

In Beispielen dieser Art zeigt sich, dass die Standardtheorie in Konflikt mit unserem Selbstverständnis als rationale Personen steht. Nun könnte es immerhin sein, dass dieses Selbstverständnis auf einer empirisch falschen Theorie beruht, die wir uns angeeignet haben und die unser Alltagshandeln bestimmt. Die Beweislast läge allerdings bei einem so eklatanten Konflikt mit zentralen lebensweltlichen Überzeugungen auf der Seite der Standardtheorie. Anfang des 20. Jahrhunderts konnte man vielleicht noch hoffen, mit der Psychoanalyse diese Beweislast zu schultern, heute erscheint eine solche Hoffnung nur noch naiv.

Aber selbst, wenn es so etwas wie basale ungerichtete Wünsche gäbe und wenn diese Wünsche tatsächlich hedonistischer Natur wären, verbesserte sich die Lage nicht. Unter diesen, der Standardtheorie besonders günstigen Voraussetzungen lässt sich ihr zentrales Defizit sogar besonders eindringlich klarmachen: Wenn die basalen Wünsche hedonistisch sind, dann ist das Befriedigungsniveau in der Zeit das nahe liegende Maß praktischer Rationalität. Wenn die basalen Wünsche hedonistisch sind, dann ist es plausibel, anzunehmen, dass sich das Handeln einer Person danach als rational bemessen lässt, ob es diesen basalen Wünschen entspricht. Unter dieser Voraussetzung lässt sich ein wirksamer und fundamentaler Einwand gegen die Standardtheorie formulieren, wir nennen ihn das »Argument der intertemporalen Koordination«.

Aus unserer Alltagspraxis wissen wir, dass vorausschauendes Verhalten oftmals besser ist, als den Augenblicksneigungen nachzugeben. Zum Beispiel habe ich nach dem Frühstück keinen Hunger, weiß aber, dass ich diesen in wenigen Stunden verspüren werde und dass es daher sinnvoll ist, zunächst Einkäufe zu tätigen, die es mir in einigen Stunden möglich machen, meinen Hunger auf angenehme Weise zu stillen. Gegenwärtig habe ich keinen Hunger und verspüre auch keinerlei intrinsisches Bedürfnis, einkaufen zu gehen. Ich tue es ausschließlich im Hinblick auf die von mir jetzt erwartete spätere Situation, in der ich einen Wunsch haben werde, den ich nur dann werde erfüllen können, wenn ich jetzt tätig werde (d. h. jetzt einkaufen gehe). Der Vertreter der Standardtheorie kann hier beharren, offensichtlich hätte ich doch auch ohne Hungergefühl schon jetzt einen

Wunsch, einkaufen zu gehen, weil ich eben unter anderem jetzt einen Wunsch habe, später nicht hungrig bleiben zu müssen. Ich würde das auch gar nicht bestreiten. Natürlich kann man sagen, ich hätte jetzt den *Wunsch*, später nicht hungrig zu sein. Aber dieser Wunsch ist Folge der Einsicht, dass ich schon jetzt – ganz unabhängig von meinen gegenwärtigen Neigungen (oder Wünschen im engeren Sinn) – einen *guten Grund* habe, einkaufen zu gehen, damit ich das für später zu erwartende Hungergefühl dann befriedigen kann.

Vorausschauendes Handeln ist ein selbstverständlicher Bestandteil alltagspraktischer Vernunft. Eine Rationalitätstheorie, die für genuines vorausschauendes Handeln keinen Raum lässt, scheint schon vom Ansatz her gescheitert zu sein. Auch wenn ich hier in guter Gesellschaft bin,[6] so ist ein gewisses Misstrauen gegenüber diesem Argument verständlich. Wie kann es sein, dass die hier als »Standardtheorie« bezeichnete Auffassung von Rationalität ein derart zentrales Element vernünftigen Handelns unberücksichtigt lässt? Tatsächlich lässt sich die Standardtheorie gegen diesen Einwand immunisieren, indem die vorausschauende Berücksichtigung später zu erwartender Wünsche selbst wiederum als ein gegenwärtig wirksamer Wunsch im engeren Sinne interpretiert wird. Eine strenge Widerlegung der Standardtheorie ist auf diesem Wege daher nicht möglich. Immerhin fällt die Künstlichkeit des Rettungsversuches ins Auge, und so scheint das Überleben der Standardtheorie ganz davon abzuhängen, ob eine andere, überzeugendere theoretische Integration dieses Elements lebenspraktischer Ver-

6 Vgl. Thomas Nagel, *The Possibility of Altruism*, Oxford 1970.

nunft möglich ist. Die Konzeption struktureller Rationalität, für die ich hier argumentiere, versteht sich als eine solche Alternative.

An dieser Stelle ist es sinnvoll, das Argument der intertemporalen Koordination abstrakter zu fassen. Stellen wir uns vor, der Person stünden zu zwei Zeitpunkten T_1 und T_2 jeweils eine Reihe von Handlungsoptionen offen. Angenommen nun, es gelte Folgendes: Wenn die Person zum jeweiligen Zeitpunkt (T_1 bzw. T_2) ihren jeweils bestehenden basalen Wünschen entsprechend handelte, ergäbe sich die Folge von Handlungen $<H_1, H_2>$. (N-Tupel von Handlungen, die nach den Zeitpunkten geordnet sind, nennen wir eine temporale Handlungsstruktur. Wenn es sich dabei um eine einzige Person handelt, liegt eine intrapersonelle temporale Handlungsstruktur vor.) Mit dieser Annahme vereinbar ist, dass eine andere intrapersonelle temporale Handlungsstruktur $<H_{1'}, H_{2'}>$ die gleichen basalen Wünsche in höherem Maße erfüllt.[7] In der Regel gilt, dass temporale Handlungsstrukturen, die aufgrund punktueller Optimierung entstehen, nicht optimal sind. Unter punktueller Optimierung wird dabei eine solche verstanden, die die jeweilige Handlung zum jeweiligen Zeitpunkt so wählt, dass sie die zu diesem Zeitpunkt dominierenden Wünsche im engeren Sinne optimiert. Die vernünftige Person wird dagegen ihre Handlungen zu jedem Zeitpunkt so wählen, dass sie sich in eine temporale Hand-

7 Das kann man anhand unterschiedlicher Beispiele belegen, vgl. T. C. Schelling, *The Strategy of Conflict*, Cambridge 1960, S. 43 ff., und die Aufsätze Schellings in *Choice and Consequence*, Cambridge (Mass.) 1984, sowie meinen Artikel »Praktische Kohärenz« in *Zeitschrift für Philosophische Forschung* 51 (1997) S. 175–192.

lungsstruktur einbetten lassen, die von ihr insgesamt – d. h. in der Vorausschau zukünftiger Entscheidungssituationen – befürwortet wird. Die so verstandene Differenz zwischen punktueller und struktureller Rationalität ist gewissermaßen der Ausgangspunkt für die im Folgenden dargestellten Überlegungen.[8]

Eine angemessene Theorie praktischer Rationalität muss zulassen, dass spezifischere Intentionen erst im Hinblick auf allgemeinere als rational gelten. Während die Standardtheorie ein zu hohes Maß an Kontingenz im Sinne der Abhängigkeit von je im konkreten Augenblick wirksamen Wünschen, die keiner näheren Begründung mehr fähig sind, enthält, versucht die kantische Theorie, Rationalität völlig unabhängig von Kontingenz, d. h. von den jeweils für den Akteur wesentlichen Wünschen und »Neigungen«, zu bestimmen. Die Konzeption struktureller Rationalität ist zwischen diesen Extremen angesiedelt. Kantianern wird sie zu »humeanisch« erscheinen, da »Neigungen« eine konstitutive Rolle für Rationalität spielen, und Humeanern zu »kantisch«, da sie Regelkonformität ins Zentrum rückt. Die zentrale Rolle, die strukturelle Aspekte für jede vernünftige Praxis spielen, macht die hartnäckige Koexistenz von Hume'schen und kantischen Ansätzen plausibel (insofern, als beide einen wesentlichen Aspekt praktischer Rationalität erfassen, der in einer adäquaten Theorie Berücksichtigung finden muss).[9]

8 Näheres habe ich dazu in *Kritik des Konsequentialismus*, München 1993, ²1995, ausgeführt.

9 In einer anderen Hinsicht geht die Konzeption struktureller Rationalität über Kant hinaus, denn alle Handlungen – nicht nur moralische, wie bei Kant – sind von Annahmen über (objektive) Gründe geleitet.

Die genuine oder direkte Wunschkritik unterscheidet sich von einer nicht-genuinen bzw. indirekten dadurch, dass diese (die indirekte) sich ausschließlich auf falsche deskriptive Überzeugungen zurückführen lässt, während Gleiches für jene (die direkte) nicht gilt. Die direkte (genuine) Wunschkritik lässt sich durch eine bloße Korrektur einer deskriptiven Überzeugung nicht beheben. Aus der Perspektive einer Person, die die betreffenden Wünsche hat, ist es irrational, in jedem Zeitpunkt die jeweils bestehenden Wünsche zu befriedigen. Klugheit, hier verstanden als intertemporale und intrapersonelle Kohärenz, verlangt nach einer Distanzierung von den im jeweiligen Zeitpunkt bestehenden Wünschen. Die punktuelle Optimierung meiner Wünsche bringt, wenn ich die Folge der Handlungen insgesamt betrachte, die daraus resultieren, ein geringeres Maß an Wunscherfüllung als der (gelegentliche) Verzicht auf punktuelle Optimierung. In Kenntnis dieses Zusammenhangs stelle ich die Erfüllung eines Wunsches zurück. Ich entscheide mich, etwas zu tun, was die gegebenen Wünsche nicht optimiert.

Die natürlichste Interpretation scheint mir darin zu bestehen, keine Verschiebung der Wunschsituation anzunehmen, sondern eine Veränderung der Motivlage, die durch die bloße (deskriptive) Erkenntnis des beschriebenen Zusammenhanges hervorgerufen wird. Es ist die strukturelle Irrationalität punktueller Optimierung, die mich zu einer Distanzierung von meiner gegebenen Wunschlage veranlasst. Es ist diese Erkenntnis selbst, die das Handlungsmotiv bestimmt. Eine solche Veränderung der Handlungsmotive dadurch wieder mit der Standardtheorie kompatibel zu machen, dass man eine entsprechende Verschiebung der Wünsche annimmt, scheint – jedenfalls in diesem Beispiel – ganz unplausibel zu sein. Es haben sich nicht meine Wünsche (im engeren Sinne) verändert, vielmehr hat sich das Objekt der Beurteilung von den punktuell zur Verfügung stehenden Handlungsoptionen auf intertemporale Handlungsstrukturen erweitert.

Wer die Standardtheorie gegenüber diesem Argument verteidigen möchte, wird darauf beharren, dass diese veränderte Motivlage ja nun offensichtlich bestimmte Wünsche der Person zum gegebenen Zeitpunkt verändert hat, denn schließlich wird mit der betreffenden Handlung ein Wunsch realisiert. So elegant dieser Rettungsversuch auf den ersten Blick erscheint, zu Ende gedacht ist er für die Standardtheorie verheerend. Denn wenn Wünsche, die das Ergebnis rationaler Abwägung sind, in das Grundmodell der Standardtheorie einbezogen werden, dann verliert diese jede Trennschärfe gegenüber anderen, z. B. kantischen Handlungstheorien. Die Achtung vor dem moralischen Gesetz resultiert schließlich ebenfalls in einem Wunsch, nach Maximen zu handeln, die mit dem kategorischen Imperativ vereinbar sind. Die Standardtheorie unterscheidet sich von der kantischen[10] gerade darin, dass Handlungsmotivationen

10 Merkwürdigerweise wird bei Kant freies Handeln, d. h. Handeln nach selbst gewählten Gesetzen, mit moralischem, d. h. pflichtgemäßem Handeln identifiziert. Handeln, das aus pragmatischen (d. h. auf die eigene Glückseligkeit bezogenen) oder anderen instrumentellen Zielen folgt, bleibt an das Standardmodell gebunden. Kantische Handlungstheorie unterscheidet sich nur hinsichtlich der Befolgung von Pflichten grundsätzlich von der Hume'schen. Strukturelle Aspekte der Rationalität kommen bei Kant ausschließlich für moralisch motivierte Handlungen in den Blick, und zwar in Form eines aprioristischen Universalisierbarkeitstests, dem so genannten »kategorischen Imperativ«, der die Komplexität struktureller Bedingungen rationalen Handelns allerdings nur unzureichend erfasst.

auf etwas zurückgeführt werden, das der rationalen Kontrolle entzogen ist. Der englische Ausdruck »desire« mag das stärker nahe legen als der deutsche Ausdruck »Wunsch«. Zulässige Wünsche im Sinne der Standardtheorie lassen sich durch Rekursion bestimmen: Einen Wunsch *W'* auf einen Wunsch *W* reduzieren, heißt diejenigen deskriptiven Überzeugungen *E* angeben, für die gilt: $W \& E \rightarrow W'$. Die Standardtheorie ist trennscharf nur, wenn für alle Wünsche gefordert wird, dass sie sich in einer Kette von Reduktionen auf einen basalen Wunsch zurückführen lassen, der »gegeben« ist und nicht selbst wieder das Ergebnis einer (rationalen) Abwägung ist. Ein Wunsch, der auf der Achtung vor dem moralischen Gesetz (Kant) beruht, ließe sich in dieser Weise nicht rekursiv reduzieren.[11]

Wenn Menschen solche Wünsche, die sich nicht auf basale Wünsche (solche, die nicht rationalitätszugänglich sind) reduzieren lassen, de facto haben, wäre die Standardtheorie, verstanden als eine empirische Theorie der Motivation, falsch. Wenn unser Verständnis einer rationalen Person Wünsche dieser Art vorsieht, dann wäre die Standardtheorie, verstanden als normative Theorie guter praktischer Gründe, falsch. Beides scheint mir zuzutreffen.

11 Für eine weiter gehende Kritik an der Reduzierbarkeitsthese vgl. den Beitrag von Anna Kusser und Wolfgang Spohn, »Der Nutzen von Befriedigung: Ein Zirkel in der Entscheidungstheorie«, in: *Praktische Rationalität. Grundlagenprobleme und ethische Anwendungen des rational choice-Paradigmas*, hrsg. von Julian Nida-Rümelin, Berlin / New York 1994, S. 169–195.

2
Handlungsfreiheit

Die Standardtheorie bezieht ihre bis heute anhaltende Überzeugungswirkung aus einer Art Physik des Wollens und des Handelns. Dieses »physikalische« Verständnis ist bei Thomas Hobbes noch ganz explizit ausgeführt. Liebe und Hass werden in Analogie zu Abstoßungs- und Anziehungskräften interpretiert, und diese halten die menschlichen Körper in Bewegung. Handeln ist eine Form der Bewegung. Diese bedarf daher einer Kraftwirkung, die von Zuneigung und Abneigung, bzw. von Neigungen generell, hervorgebracht wird. Das kognitive Element, unsere Wahrnehmung der Welt und unsere Urteile über sie, ist dagegen inert. Es kann für sich genommen keine Bewegung und damit kein Handeln hervorbringen. Diese Hintergrundtheorie lebt, wie andere Rudimente der wissenschaftlichen Entwicklung früherer Epochen, in unserem Alltagswissen fort. Es dauert, wie die Wissenschaftsgeschichte zeigt, oft Jahrhunderte, bis neue wissenschaftliche Erkenntnisse unser Alltagswissen prägen, und umgekehrt kann die Nachwirkung alter und überholter Theorien einen langen Bestand haben. Sobald eine solche Hintergrundtheorie explizit gemacht wird, kann sie in der Regel schon als widerlegt gelten. Anders steht es jedoch mit den durch solche Theorien inspirierten Nachfolgetheorien, die ihre Gebundenheit mehr oder weniger geschickt verdecken. Nur aus diesem Grund beschränke ich mich in diesem Kapitel nicht darauf, auf diesen geistesgeschichtlichen

Zusammenhang hinzuweisen, der für sich genommen natürlich keinerlei Widerlegung der Standardtheorie darstellt, sondern versuche, das Gedankenknäuel zu entwirren, das eine Theorie überleben lässt, die ein angemessenes Verständnis unseres Handelns verstellt. Zugleich stellen wir damit ein weiteres Element der Konzeption struktureller Rationalität heraus: Handeln ohne Impetus.

Nennen wir das »physikalische« Verständnis des menschlichen Handelns die Impetustheorie. Handeln ist Bewegung, es stellt eine Intervention in den kausalen Ablauf der Welt dar und ist daher nur verständlich, wenn entsprechende Antriebskräfte angenommen werden, die wir in den konativen Zuständen der Person verorten. Ohne einen Impetus keine Handlung. Eine Handlung überwindet gewissermaßen Widerstände äußerer und innerer Natur, und um diese Widerstände zu überwinden, bedarf es eines Antriebs. Die deskriptiven Überzeugungen geben diesem Antrieb eine Richtung. Schon bei Thomas Hobbes ist das Charakteristikum des Menschen seine Fähigkeit zum Prospectus, zur Vorausschau. Diese Vorausschau setzt die Kenntnis von empirischen Regelmäßigkeiten voraus, die, wie immer gewonnen, unser Handeln in der Welt orientieren. In enger Analogie zur physikalischen Mechanik entspricht dem Gefälle der Energiepotentiale der jeweilige Gradient des hedonischen Zustandes (des Niveaus subjektiven Wohlbefindens). Die Form, in der das Potentialgefälle sich in Bewegung, d. h. Handeln verwandelt, hängt von den empirischen und epistemischen Rahmenbedingungen ab. Eine Wand beschränkt die Bewegung in ähnlicher Weise wie die Überzeugung, dass eine bestimmte Verhaltensweise nicht zur Wunscherfüllung beitragen würde. Unter günstigen Bedingungen, d. h. bei rationalen und hinreichend informierten Akteuren, werden empirische Restriktionen von handlungsorientierenden Überzeugungen antizipiert.

Diese hier skizzierte Physik der Motivation würde Sinn machen, wenn wir nicht über eine physikalische Theorie verfügten, von der wir annehmen können, dass sie grundsätzlich in der Lage ist, alle physikalischen Aspekte menschlichen Handelns vollständig zu beschreiben. Natürlich wäre eine vollständige Beschreibung so ungeheuer komplex, dass sie auch mit den besten Rechnern der Welt nicht zu bewältigen wäre, und es mag dahingestellt sein, ob es nach dem heutigen Stand des Wissens bei ausreichend zur Verfügung stehender Informationsverarbeitungskapazität überhaupt möglich wäre, die Vorgänge vollständig zu beschreiben, da viele neurophysiologische Vorgänge noch nicht zureichend geklärt sind. Jedenfalls wissen wir, wie eine solche Beschreibung auf der Grundlage der heute zur Verfügung stehenden physikalischen (und chemisch-biologischen) Theorien aussehen würde. Eine solche vollständige Beschreibung würde keinerlei Bezug auf konative Zustände (Wünsche etc.) erforderlich machen. Um eine solche vollständige Beschreibung zu erhalten, bedürfen wir keiner Verdoppelung der physikalischen Beschreibung auf der Ebene mentaler Zustände. Kraftfelder, Energiepotentiale, Molekülstrukturen, neurophysiologische Prozesse, Muskelkontraktionen und äußere Bewegungsabläufe lassen sich grundsätzlich mit den Mitteln der Naturwissenschaft vollständig beschreiben. Da besteht keine Lücke, die durch die Annahme des Impetus konativer Einstellungen gefüllt werden müsste. Aber selbst wenn eine solche Lücke bestünde (ein Problem, auf das wir im nächsten Kapitel eingehen), wäre nicht anzunehmen, dass diese sich durch eine quasi physikalische Theorie füllen ließe.

Es spricht viel dafür, Handlungen begrifflich so zu fassen, dass sie in jedem Falle mit äußeren Bewegungsabläufen verbunden sind. Zur Erklärung dieser äußeren Bewegungsabläufe steht die zeitgenössische Physik als eine naturwissenschaftliche Theorie zur Verfügung. Philosophen sollten nicht versuchen, diese durch eine andere, reichlich obskure Theorie, die aus einer Zeit stammt, in der die moderne Physik noch nicht entwickelt war, zu ersetzen oder zu komplettieren.[12] Um die mit menschlichem Handeln verbundenen Bewegungsabläufe und körperlichen Vorgänge zu erklären, genügen also die Analyseinstrumente, die die moderne Naturwissenschaft bereitstellt. Die Frage bleibt, ob es auf der Ebene der Analyse mentaler und speziell intentionaler Vorgänge eines psychischen Analogons zur physikalischen Energie oder Kraft bedarf. Eine Theorie, die ein solches Analogon vorsieht, nennen wir Impetus-Theorie des Handelns. Unsere Zurückweisung der Impetus-Theorie beruht auf der Annahme, dass zwischen theoretischen und praktischen Gründen eine weitgehende Analogie besteht. Dafür lässt sich in diesem Kapitel argumentieren, ohne Näheres über die Typologie praktischer Gründe zu wissen (s. Kap. 4).

12 Das klingt verdächtig nach Physikalismus. Tatsächlich werde ich im folgenden Kapitel für eine schwache Form des Physikalismus plädieren, der vereinbar damit ist, dass wir mit unseren Intentionen gelegentlich in den Lauf der Dinge eingreifen.

Betrachten wir die Wirksamkeit so genannter »theoretischer« Gründe an einem Beispiel aus der Mathematik. Angenommen, jemand stellt eine mathematische Behauptung *M* auf. Ein anderer fragt: »Warum meinst du, dass *M* gilt?« Der Befragte könnte sich z.B. hinsetzen, ein Blatt Papier zur Hand nehmen und (wortlos) einen Beweis von *M* skizzieren. Wenn der Fragende von der Korrektheit dieser Beweisskizze überzeugt ist, wird er nicht weiter verwundert sein, dass der Kollege von *M* überzeugt ist. Er wird keine weiteren Fragen stellen. *M* ist damit wohl begründet. Es wurden Gründe für *M*, d.h. genauer dafür, *M* für wahr zu halten, angegeben. In der Regel erschiene es uns unverständlich, wenn der Fragende – überzeugt, dass der skizzierte Beweis für *M* gültig ist – dennoch weiterfragen würde, warum der Kollege an *M* glaube. Wer über einen Beweis (oder wenigstens eine plausible Beweisidee) für eine mathematische Aussage *M* verfügt, hat einen guten Grund, an *M* zu glauben. Es bedarf keines zusätzlichen Grundes, etwa in Form eines persönlichen Interesses, an *M* zu glauben, oder einer Verpflichtungsempfindung, mathematische Aussagen, für die eine Beweisskizze verfügbar ist, in das jeweilige Überzeugungssystem zu integrieren. »Theoretische« Gründe akzeptieren wir in diesem Sinne als selbstgenügsam. Sie reichen hin, um eine entsprechende Modifikation (Erweiterung oder Veränderung) unseres Überzeugungssystems zu motivieren. Ja noch mehr: Eine Person, die über theoretische Gründe verfügt, ohne motiviert zu sein, entsprechende Modifikationen ihres Überzeugungssystems vorzunehmen, gilt uns als irrational. Es ist kein zusätzliches Motiv nötig, damit theoretische Gründe für unsere Überzeugungen wirksam werden.[13]

Zwischen Meinungsänderungen und Handlungen besteht ein Unterschied insofern, als Handlungen mit äußerlich feststellbarem Verhalten verbunden sind. Nur extreme Behavioristen vertreten das Gleiche für Meinungen. Meinungsänderungen erfolgen – so könnte man meinen – gewissermaßen ohne Aufwand, während Handlungen mit einem Aufwand verbunden sind, die ein entsprechendes Motiv als Antrieb benötigen. Vor dem Hintergrund der in diesem Kapitel schon getroffenen Feststellungen sollte es genügen, diesen Gedanken auszusprechen, um einzusehen, wie abwegig er ist. Es muss nichts durch psychische Energie überwunden werden, weil diese mit Handlungen verbundenen Körperbewegungen zur Welt der natürlichen Tatsachen gehören, die von einer Naturwissenschaft beschrieben wird, die keine mentalen und intentionalen Entitäten kennt. Dort, wo ein Impetus benötigt wird, stellt ihn die Physik zur Verfügung. Die handlungskonstitutiven Intentionen benötigen ihrerseits keinen Impetus, sondern (praktische) Gründe. Die Impetustheorie des Handelns, die Rede von inerten epistemischen Zuständen einerseits und die Handlung antreibenden oder motivierenden Wunschelementen andererseits sollte ad acta gelegt werden.[14]

13 Dass theoretische Gründe erst dann wirksam werden können, wenn sie von einer Person als solche erkannt werden, müsste nicht betont werden, wenn ein analoges Argument nicht im Falle praktischer Gründe immer wieder vorgebracht würde, um die Standardtheorie zu verteidigen. Vgl. z. B. Bernard Williams, »Internal and External Reasons«, in: B. W., *Moral Luck*, Cambridge 1981; dt. in: B. W., *Moralischer Zufall*, Königstein/Ts. 1984.

14 Das heißt selbstverständlich nicht, dass Wünsche, zumal eigene

Wir haben damit von einer Annahme Gebrauch gemacht, die man als Abgeschlossenheitsthese der physikalischen (oder naturalistischen)[15] Beschreibung bezeichnen kann. Eine solche These scheint nicht im Einklang damit zu sein, dass wir in unseren Entscheidungen und in unserem Handeln Freiheitsspielräume haben. Wir könnten es uns an dieser Stelle einfach machen und auf die Möglichkeit der Konditionalanalyse menschlicher Freiheit verweisen – wie sie zunächst von George Edward Moore und in seinem Gefolge bis heute wohl vom Mainstream der analytischen Philosophie vertreten wird – oder auf dualistische Konzeptionen, die eine Unabhängigkeit zweier Beschreibungsformen behaupten, wie z. B. in der Variante Kants und dessen Unterscheidung zwischen noumenalem und phänomenalem Ich oder in der von Gilbert Ryle vertretenen sprachanalytischen Variante. Noch einfacher wäre es, dieses Problem als irrelevant für die Theorie praktischer Vernunft oder jedenfalls für die Konzeption struktureller Rationalität auszuklammern. Im Folgenden möchte ich jedoch plausibel machen, dass die Abgeschlossenheitsthese mit einer starken Konzeption von Willensfreiheit vereinbar ist. Dieses Argument ist kompatibilistisch insofern, als es zeigt,

Wünsche, für die Bestimmung unserer Handlungsgründe keine Rolle spielten. Die Existenz eines Wunsches ist in vielen Fällen ein guter Grund, das zu tun, was diesen Wunsch erfüllt.

15 Wenn die Abgeschlossenheitsthese bezüglich der physikalischen Beschreibung aufgestellt wird, dann macht das nur Sinn, wenn man zugleich von der Annahme ausgeht, dass sich die anderen Naturwissenschaften im Prinzip auf die Physik reduzieren lassen. Will man das offen lassen, so kann man von »naturwissenschaftlicher« oder von »naturalistischer Beschreibung« sprechen. Der Naturalismusbegriff wird allerdings in der Philosophie in weit divergierender Weise verwendet.

dass die Abgeschlossenheit naturalistischer Beschreibung mit Willensfreiheit vereinbar ist, und inkompatibilistisch, als es auf der Voraussetzung beruht, dass Determinismus und Willensfreiheit unvereinbar sind. Ich bin mir darüber im Klaren, dass diese Kurzform des Argumentes einiges vergröbert, was detaillierter auszuführen wäre, aber da es im Kontext struktureller Rationalität eine Rolle spielt, möchte ich hier nicht ganz darauf verzichten.

Angenommen, die Welt der natürlichen Tatsachen werde durch eine (physikalische) Theorie vollständig beschrieben, die ausschließlich von deterministischen Gesetzen Gebrauch macht. Angenommen, eine solche Theorie impliziere, dass (deterministische) Verlaufsgesetze die zeitliche Abfolge »naturalistisch beschriebener«[16] Weltzustände vollständig festlegen. Auch wenn Handlungen wegen ihres intentionalen Charakters nicht Teil eines naturalistischen Weltzustandes sind, ist doch das eine Handlung begleitende »äußere« Verhalten Teil der jeweiligen naturalistischen Welt, und damit wäre der Verhaltensaspekt unseres Handelns durch strenge Verlaufsgesetze »vorherbestimmt«. Ein naturalistischer Weltzustand zu einem bestimmten Zeitpunkt *T* würde alle späteren Weltzustände eindeutig bestimmen und damit auch alle Handlungen. Wem das zu vage ist, der mag sich einen naturalistischen Weltzustand einfach durch eine bestimmte Konstellation von Molekülen repräsentiert denken, so dass eine Handlung ebenfalls als eine Veränderung von Molekülstrukturen in der Zeit zu beschreiben wäre. Genuine Handlungsfreiheit ist damit

16 Im Folgenden kurz »naturalistisch« für »naturalistisch beschrieben«.

ausgeschlossen, denn es würde selbstverständlich nicht genügen, wenn bezüglich unserer Absichten Freiheit bestünde, unser äußeres Verhalten jedoch festgelegt wäre. Handlungsfreiheit und Determinismus sind dann unvereinbar, wenn »Determinismus« besagt, dass jeder zukünftige Zustand durch einen (beliebigen) vorausgegangenen Zustand festgelegt sei bzw. dass der Weltverlauf durch strikte Verlaufsgesetze bestimmt sei.[17] Meine These lautet nun: Wir können an der natürlichen Interpretation von Willens- bzw. Handlungsfreiheit festhalten, ohne zu einer weitgehenden Revision des naturwissenschaftlichen Weltbildes gezwungen zu sein.

Diese (schwache) Variante des Kompatibilismus kann mit Hilfe einer Analogie eingeführt werden. Für ein technisches Produkt lässt sich eine vollständige naturalistische Zustandsbeschreibung geben, ohne dass damit auch nur annähernd die Existenz dieses Gegenstandes erklärt ist.[18] Für eine naturalistische Beschreibung unserer Welt wären so gut wie alle darin vorkommenden technischen Produkte ein Rätsel. Dieses Rätsel äußert sich aber nicht darin, dass etwa die Beschreibung dieser technischen Produkte (einschließlich ihrer Herstellung)

17 Die Argumente, die gegen diese Form der Unvereinbarkeit (gegen diesen schwachen Inkompatibilismus) vorgebracht werden – dazu gehören insbesondere die Konditionsanalyse G. E. Moores und das Argument der Wünsche zweiter Ordnung H. G. Frankfurts – halten einer genauen Analyse nicht stand, aber es würde zu weit vom Thema abführen, das hier zu diskutieren. Vgl. G. E. Moore, *Ethics*, Oxford 1912, Kap. 6; H. G. Frankfurt, »Alternate Possibilities and Moral Responsibility«, in: H. G. F., *The Importance of What we Care about*, Cambridge 1988.

18 Detaillierter bin ich darauf in »Reduktionismus und Holismus«, in: Wolfgang Maier und Thomas Zoglauer (Hrsg.), *Technomorphe Organismuskonzepte*, Stuttgart-Bad Cannstatt 1994, eingegangen.

irgendeine naturalistische Gesetzmäßigkeit verletzen würde. Dies gilt für alle technischen Abläufe, aber auch für jeden Fingerdruck, den ein Mensch anwendet, um einen Schalter zu betätigen – auch dieser lässt sich lückenlos physikalisch (chemisch, biologisch) beschreiben. Sowohl das Funktionieren des fertigen technischen Produktes als auch der Prozess seiner Herstellung lässt sich naturalistisch ohne Rest beschreiben. Denn jedes Ereignis, das während seines Funktionierens oder während seiner Herstellung auftritt, kann unter Verwendung naturalistischer Gesetzmäßigkeiten und naturalistisch beschriebener Antezedensbedingungen erklärt werden. Aber obwohl der Übergang vom Ausgangszustand vor Beginn des Konstruktionsprozesses zum Endzustand des fertigen technischen Produktes in diesem Sinne vollständig naturalistisch erklärbar ist, bleibt das Ergebnis dieses Prozesses ein Rätsel. Das technische Produkt ist ohne Rückgriff auf menschliche Intentionen unerklärlich. Wenn es in einer Welt ohne Menschen Fahrräder oder Heizkraftwerke gäbe, stünden auch die intelligentesten Besucher aus dem Weltraum vor einem unauflöslichen Rätsel.

Technische Produkte sind ein wesentlicher Bestandteil der Welt. Sie sind Ergebnis intentionaler Interventionen, die sich die Gesetze der Natur zunutze machen. Technische Produkte lassen sich in einer Beschreibungsform, die auf Absichten und Handlungen, Kooperationen und kollektive Entscheidungsprozesse zurückgreift, verständlich machen. Zugleich gibt es eine naturalistische Beschreibung, die nicht mit dieser »intentionalen« konkurriert und die ebenfalls idealiter vollständig ist. Dieses Doppelbild lässt sich auf jede Form intentionaler Intervention ausweiten, wenn diese mit einer naturalistischen Beschreibung kompatibel ist. Diese Kompatibilität kann man sich dadurch realisiert denken, dass die jeweilige intentionale Intervention sich eine Unterbestimmtheit der naturalistischen Verlaufsgesetze »zunutze macht«.

Ein geschlossenes System sei vollständig mit der klassischen physikalischen Mechanik beschreibbar. Das einzige einschlägige Gesetz sei *Kraft = Masse mal Beschleunigung*. Alle übrigen Charakteristika des Systems lassen sich in Form von Randbedingungen einführen. Das Newton'sche Gesetz kann als paradigmatisch für den Determinismus gelten. Aber auch für die klassische Newton'sche Mechanik gilt, dass die Verlaufsgesetze unterbestimmt sind, wie das folgende Beispiel zeigt. Man stelle sich vor, dass innerhalb dieses Systems eine Kugel genau in der Mitte einer Halbkugel zu liegen kommt, wobei es sich um perfekte Kugelflächen ohne Unebenheiten handelt. Die Kugel kann oben liegen bleiben oder in irgendeine Richtung abrollen, ohne dass damit ein Gesetz der klassischen Newton'schen Mechanik verletzt wäre. Der Einwand, sie könne nur dann abrollen, wenn sie nicht genau konzentrisch situiert ist, ist unzutreffend, denn wir haben perfekte Kugelflächen angenommen, und für diese gilt, dass bei der beschriebenen Lage kein Gleichgewichtszustand besteht. Ohne Rückstellkraft kann die Kugel – wenn auch in der

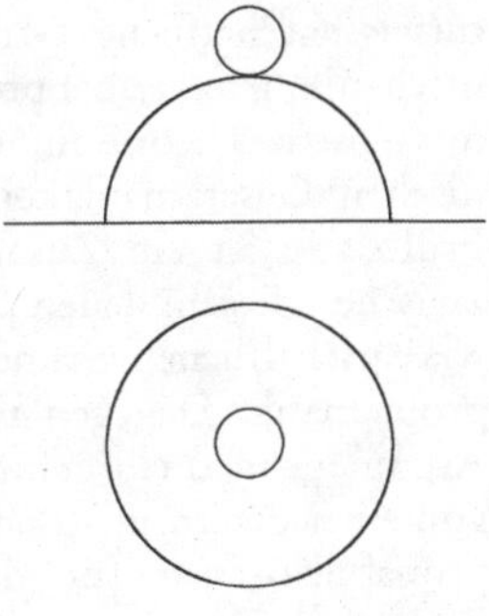

ersten infinitesimalen Auslenkung unendlich langsam (wegen fehlender Beschleunigungskraft) – ihre Lage verändern. Sobald sich die Lage infinitesimal verändert hat, wirkt die Kraft entsprechend der Veränderung der Lageenergie. Schließlich nimmt die Lageenergie bei jeder noch so kleinen Veränderung ab und verwandelt sich in Bewegungsenergie. Die Chaostheorie oder die Theorie nichtlinearer Systeme hat anschauliche Beispiele analysiert, in denen eine minimale Unterbestimmtheit zu einem bestimmten Zeitpunkt die Entwicklung des gesamten Systems unterbestimmt werden lässt. Auch ein geschlossenes System der klassischen Physik kann also trotz vollständiger Beschreibung seines Ausgangszustandes unterdeterminiert sein – wir wissen nicht, wie es sich weiterentwickelt, obwohl seine Verlaufsgesetze deterministisch sind und wir alles über seinen Zustand wissen.

Während in der Philosophie nach wie vor Kompatibilisten und Inkompatibilisten darüber streiten, ob eine deterministische naturwissenschaftliche Erklärung mit Willensfreiheit vereinbar sei, ist die zeitgenössische naturwissenschaftliche Grundlagentheorie, die Quantenmechanik, irreduzibel probabilistisch. Es ist keine deterministische Theorie in Sicht, auf die die quantenmechanischen Gesetzmäßigkeiten reduziert werden können. Frühzeitig ist ein Zusammenhang hergestellt worden zwischen diesem neuen probabilistischen Bild der naturwissenschaftlichen Grundlagen und der Willensfreiheitsproblematik. Dagegen ist jedoch sofort das wirksame Argument ins Feld geführt worden, dass der Übergang von einer deterministischen Grundlagentheorie zu einer probabilistischen für die Willensfreiheitsproblematik keinen Fortschritt mit sich brächte, da eine Welt, die nach Zufallsmechanismen funktioniert, mit unseren Intuitionen, die Willensfreiheit betreffen, ebenso wenig vereinbar ist wie eine streng durch deterministische Verlaufsgesetze bestimmte Welt.

Entscheidend ist jedoch, ob intentionale Interventionen mit einer vollständigen naturalistischen Beschreibung vereinbar sind. Nehmen wir an, die intentionale Intervention erfolge in der Weise, dass sie bestimmt, in welchem Winkel die Kugel in dem obigen Beispiel abrollt. Sie wäre dann gegenüber einer naturalistischen Beschreibung – einer Beschreibung, die keine Intentionen kennt – *unauffällig*. Die Beschreibung des Vorganges wäre gar nicht tangiert. Alle Beobachtungen – die langsame Beschleunigung der Kugel während des Abrollens etc. – könnten ohne Rückgriff auf Intentionen mit den Mitteln der Newton'schen Physik erklärt werden. Die Tatsache, dass eine intentionale Intervention in unserem Gedankenexperiment bestimmt hat, an welchem Ort die Kugel auftrifft (nicht mit welcher Geschwindigkeit sie auftrifft, das ist in diesem Beispiel durch die Gesetze der Newton'schen Physik festgelegt), spielt für diese Beschreibung keine Rolle. Diese Beschreibung bleibt ohne Rest. Es gibt hier nichts Unerklärtes aus naturalistischer Perspektive. Diese unauffällige Intervention kann jedoch gewaltige Folgen zeitigen. Man stelle sich vor, die Kugel treffe an einer bestimmten Stelle auf dem Kreis ihrer physikalisch möglichen Aufschläge auf einen Hebel, der eine Explosion auslöst.

Der Einwand, es sei physikalisch festgelegt, ob die Kugel sich bewege und, wenn sie sich bewege, in welche Richtung sie abrolle, ist unzutreffend. Aber selbst wenn er zuträfe, änderte dies nichts Wesentliches. Es genügt, dass die entsprechenden Determinanten unterhalb des Messbaren angesiedelt sind. Dass das möglich ist, wird niemand bestreiten. Wir brauchen nicht zu wissen, in welcher Weise intentionale Interventionen wirksam werden. Jedenfalls bedürfen sie keines energetischen, oder allgemeiner, physikalischen Analogons. Wenn dieses Bild der, naturalistisch gesehen, unauffälligen intentionalen Intervention zutreffend ist, dann bedarf es keiner Impetustheorie des Geistes. Intentionale Interventionen benötigen keine Antriebskräfte.

Wenn intentionale Interventionen kausal in der Weise wirksam werden können, dass sie Unterbestimmtheiten der Verlaufsgesetze »deterministischer« Systeme ausnutzen, dann liegt die Analogie zum probabilistischen Fall auf der Hand. Hier ist die Unterbestimmtheit nicht nur auf wenige exotisch wirkende Fälle wie dem oben dargestellten beschränkt, sondern Teil der probabilistischen Beschreibung selbst. Um nicht missverstanden zu werden: Selbst wenn sich eines Tages der probabilistische Charakter der Physik wieder durch eine Reduktion auf eine deterministische Theorie beheben ließe, ließe sich die Kompatibilitätsthese angesichts der astronomischen Zahl mikrophysikalischer Vorgänge – etwa im menschlichen Gehirn – guten Gewissens aufrechterhalten. Wenn es jedoch bei einer probabilistischen Grundlagentheorie bleibt, ist diese Kompatibilität von kausaler intentionaler Intervention und Abgeschlossenheit der naturalistischen Beschreibung noch weit weniger verwunderlich.

3
Handlungsstrukturen

Die bewusste Lebensgestaltung einer rationalen Person äußert sich darin, dass sie ihrem Handeln eine Struktur gibt. Sie verfolgt längerfristige Projekte, die sich nur realisieren lassen, wenn hinreichende Teile ihres Handelns auf diese Projekte ausgerichtet sind. Ihre moralischen Überzeugungen schlagen sich ebenfalls in bestimmten Strukturen ihres Handelns nieder. Gleiches gilt für Charaktereigenschaften, Tugenden und andere Merkmale einer individuellen Lebensform und der sich in dieser Lebensform realisierenden Persönlichkeit. Dass solche »strukturellen« Merkmale empirisch eine große Rolle für unser Handeln spielen, wird wohl kaum bestritten. Wie aber sind diese strukturellen Merkmale in eine Konzeption praktischer Rationalität zu integrieren? Zwei Antworten dominieren die philosophische Diskussionslandschaft.

Die erste der Antworten besagt, dass diese strukturellen Merkmale externe Bedingungen rationalen Handelns seien. Sie schränken die möglichen Handlungsoptionen der Person entsprechend ein. Vereinbar mit dieser Interpretation ist es, dass einige dieser strukturellen Merkmale frei gewählt werden, etwa in Form von Akten der Selbstbindung, in denen die Person sich bewusst dafür entscheidet, sich selbst bestimmte Handlungsoptionen zu nehmen.[19] In der Tat trifft es zu, dass viele der struk-

19 Vgl. die Studien von Jon Elster in *Sour Grapes: Studies in the Subversion of Rationality,* Cambridge 1983, und in *Ulysses and the Sirens: Studies in Rationality and Irrationality,* Cambridge 1979; dt. *Subversion der Rationalität*, Frankfurt a. M. 1987.

turellen Charakteristika eine so verstandene »externe« Rolle spielen. Dazu gehören nicht nur genetische Merkmale, die unser Handeln prägen, sondern auch manche Erfolge der Erziehung und der Sozialisation. Extern ist die Rolle struktureller Merkmale immer dann, wenn das im Einzelnen mit diesen strukturellen Merkmalen konforme Handeln hinsichtlich dieser Konformität nicht mehr frei ist, d. h., wenn die Person keine nicht-konforme (dysforme) Handlung wählen könnte. Selbst in den Fällen, in denen die strukturellen Merkmale über eine lange Zeit der Gewöhnung für die handelnde Person so selbstverständlich geworden sind, dass die Konformität mit diesen strukturellen Merkmalen nicht mehr bewusst ist, scheint es mir in der Regel jedoch abwegig zu sein, dieses Phänomen so zu interpretieren, dass die einzelne Handlung selbst damit kausal durch das betreffende strukturelle Merkmal bestimmt sei. Die verbreitete Tendenz in der Theorie der praktischen Rationalität, solche Annahmen (implizit oder explizit) zu machen, beruht nicht auf einer entsprechenden empirisch gestützten Anthropologie, sondern ist einer inhaltlichen Ratlosigkeit zu verdanken: Wenn die Theorie kein Angebot macht, um Phänomene dieser Art angemessen zu integrieren, müssen diese (um die Theorie zu schützen) externalisiert, d. h. zu bloßen Randbedingungen des Handelns gemacht werden.

Wir werden im Folgenden die entgegengesetzte Auffassung vertreten, die besagt: Strukturelle Merkmale müssen in einer adäquaten Theorie praktischer Rationalität so interpretiert werden, dass sie mit dem Fortbestehen der Freiheit in jedem einzelnen Akt vereinbar sind. Strukturelle Merkmale, für die das nicht gilt, d. h.

die tatsächlich die für die handelnde Person möglichen Handlungsoptionen kausal einschränken, haben zur Konsequenz, dass die Konformität der betreffenden Handlung mit dem jeweiligen strukturellen Merkmal nicht mehr Teil der Handlungsbeschreibung sein kann. Nur derjenige Teil unseres Verhaltens hat Handlungscharakter, der unter der Kontrolle der handelnden Person steht. Für externe kausale Einschränkungen gilt das nicht. Sofern strukturelle Handlungscharakteristika also tatsächlich als Ausdruck externer Beschränkungen interpretiert werden müssen, verändern sie die kausalen Bedingungen des Handelns, erlauben aber nicht, die Strukturkonformität als ein Merkmal der Handlung selbst zu interpretieren.

Die zweite Antwort ist im weitesten Sinne kantisch geprägt. Sie besagt, dass die Freiheit des Handelns sich gerade darin äußere, dass die handelnde Person sich selbst die Gesetze auferlegt, nach denen sie handelt. Bei Kant wird die Freiheit des Handelns dadurch erreicht, dass es sich von moralischen Gründen, d. h. von der Achtung vor dem (moralischen) Gesetz leiten lässt. Alles nicht durch moralische Gründe geleitete Handeln ist unfrei, da von pragmatischen und technischen Imperativen bestimmt, d. h. eine unmittelbare Folge kontingenter Neigungen. Schon beim Übergang von technischen zu pragmatischen Imperativen müsste allerdings auch im Rahmen der kantischen Theorie klar werden, dass nur eine Distanzierung von den jeweils im Augenblick wirkenden Neigungen die Zielsetzung pragmatischer Imperative, d. h. das individuelle Glück, erreichen lässt. Ohne genuine Handlungsfreiheit, d. h. ohne die Fähigkeit, nach selbst auferlegten Regeln zu handeln, ist auch

Glück nicht realisierbar. Das Problem der Handlungsbindung stellt sich also nicht nur im Bereich der Moral, sondern generell für intentionales Handeln, das auf Ziele gerichtet ist, die nicht nur auf den Augenblick bezogen sind. Nur wenn Menschen punktuelle Wesen wären, d. h. solche, deren epistemische und konative Zustände keine intertemporale Struktur aufweisen, für die es keinen rationalen Zusammenhang zwischen Wünschen jetzt und Wünschen später gäbe, nur dann wäre ein Handeln ausschließlich aus Neigung überhaupt denkbar.

Der Unterschied zwischen dem Hume'schen und dem kantischen Ansatz besteht nur für moralisch motivierte Handlungen, während nicht-moralisch motivierte Handlungen in beiden Theorien als Erfüllung punktueller (auf den jeweiligen Zeitpunkt bezogener) Neigungen verstanden werden. Die kantische Kritik am Hume'schen Ansatz bezüglich moralischer Handlungen ist jedoch für Handlungen jeden Typs einschlägig. Handlungsbindungen erwachsen u. a. daraus, dass ich mir bewusst werde, dass die Erfüllung meiner gegenwärtigen Neigungen die Erfüllung von Neigungen, von denen ich annehme, dass ich sie später haben werde, vereiteln würde; Handlungsbindungen ergeben sich aus Verpflichtungen, die ich gegenüber anderen Personen empfinde, Handlungsbindungen ergeben sich aus Regeln, die ich mir zu eigen gemacht habe, ohne dass dieses »sich zu Eigen machen« die Freiheit meines punktuellen Handelns (meiner jeweiligen Einzelentscheidung) einschränken würde.

Es gibt viele unterschiedliche Formen der Handlungsbindung. Manche von ihnen lassen sich rekonstruieren als Optimierung der Konsequenzen meines Handelns in der Zeit generell, was in der Regel verlangt, dass ich von punktueller Optimierung absehe. Andere Handlungsbindungen haben nicht diesen im weiteren Sinne konsequentialistischen Charakter, das gilt insbesondere für solche, die sich auf Gründe beziehen, die nicht »konsequential«, d. h. nicht auf die Optimierung von Konsequenzen gerichtet sind. Dazu zählen z. B. Handlungsgründe, die aus einem gegebenen Versprechen hervorgehen. Ein Versprechen gegeben zu haben, ist ein guter Grund, im geeigneten Zeitpunkt das zu tun, was dieses Versprechen erfüllt. Dieser Handlungsgrund besteht unabhängig davon, ob die Erfüllung des Versprechens optimale Konsequenzen hat. Das Versprechen selbst konstituiert einen guten Grund, etwas zu tun. Selbstverständlich heißt das keineswegs, dass Folgenabwägungen bei der Frage, ob ich ein Versprechen halten soll oder nicht, keine Rolle spielen dürfen. Natürlich kann die Einhaltung eines Versprechens so gravierende Nachteile mit sich bringen, dass es in der Abwägung geboten erscheint, ein Versprechen nicht zu halten. Wichtig ist nur, zu erkennen, dass ein gegebenes Versprechen für sich genommen einen Handlungsgrund konstituiert, der allerdings mit anderen Handlungsgründen in Konkurrenz stehen kann.

Sehr viele der von uns allen in der Regel akzeptieren guten Gründe sind in der Tat nicht konsequential. In der zeitgenössischen praktischen Philosophie spielt diesseits und jenseits des Atlantiks die Auffassung eine große Rolle, es gäbe zwei Grundformen der Rationalität, in der Sprache der Diskursethik: »strategische« und »kommunikative« Rationalität. Strategische Rationalität entspräche konsequentialen und kommunikative nichtkonsequentialen Handlungsgründen. Die Crux dieser Unterscheidung ist allerdings, dass sie – in der Tradition kantischen Denkens – eine Dichotomie etabliert, die, wenn unsere Argumentation zutreffend ist, nicht aufrechterhalten werden kann. Auch »strategische« Rationalität ist nur erfolgreich, wenn sie zur Einpassung der Einzelhandlung in einen strukturellen Zusammenhang führt. Kommunikatives Handeln ist nur eine Sonderform kooperativen Handelns und ohne Kooperation wird strategisches Handeln auf Dauer keinen Erfolg haben. In einem eigenen Kapitel (6) möchte ich zeigen, dass für jede Form der Kooperation, nicht nur für die, die durch kommunikatives Handeln sichergestellt wird, die Einhaltung von (Kooperations-)Regeln erforderlich ist, mit denen das individuelle Handeln nur dann hinreichend konform ist, wenn es nicht punktuell optimiert. Der konsequentialistische Akteur ist zur Kooperation generell und zur Kommunikation speziell nicht in der Lage.

Die meisten Formen der Interaktion hängen davon ab, dass sich die Beteiligten an bestimmte gemeinsame Regeln halten, die ihnen allerdings nicht bewusst sein müssen. Das Spektrum solcher Regeln reicht von Konventionen der Ess-Sitten und der Höflichkeit, der Pünktlichkeit und Zuverlässigkeit bis zu umfassenden Regeln der Rücksichtnahme auf die Interessen und die Wertvorstellungen anderer. Die jeweiligen Formen der Interaktion sind von einem hinreichend hohen Maß an Konformität mit diesen Regeln abhängig. Dies schließt nicht aus, dass Viele sich gelegentlich und Einzelne regelmäßig gegenüber diesen Regeln parasitär verhalten und die jeweils etablierte Form der Interaktion nutzen, ohne sich mit den betreffenden Regeln konform zu verhalten. Von parasitärem Verhalten zu unterscheiden ist jedoch der Fall, in dem normative Kritik an einer bestimmten Form der Interaktion die Entscheidung motiviert, die für diese Interaktion konstitutiven Regeln nicht mehr einzuhalten (z. B. weil sie asymmetrische Sozialbeziehungen schafft, Einzelne benachteiligt etc.). Eine solche Infragestellung ist allerdings nur in einem »lokal beschränkten« Umfang möglich, da sonst diejenigen, die diese normative Kritik vorbringen, ganz aus dem gesellschaftlichen Interaktionsgefüge herausfallen würden.[20] Nicht alle Regeln der Interaktion stellen normativ bindende Handlungsstrukturen dar. Die Grundlagen einer normativen Kritik von Handlungsstrukturen können aber nie in dem Sinne extern sein, dass sie nicht auf akzeptierte Regeln der Interaktion und Kooperation Bezug nehmen. Eine normative Kritik von Handlungsstrukturen erfolgt zwangsläufig in einer kohärentistischen Form.

Aber selbst wenn man nur eine einzelne Person in der Verfolgung ihrer Projekte betrachtet, ist rationales Handeln ohne Strukturen nicht denkbar. Eine Person ohne erkennbare Handlungsstrukturen würde unbeständig, sprunghaft, inkohärent wirken, man könnte ihr keine sich in der Zeit durchhaltenden Ziele und Einstellungen zuschreiben, Handlungsgründe würden für eine solche Person von einem Zeitpunkt zum nächsten ihre Bedeutung verlieren, andere Personen wären nicht imstande, ihr zeitlich hinreichend stabile Wertorientierungen zuzuschreiben, im entscheidungstheoretischen Sinne wäre

20 Vgl. Michael Walzer, *Interpretation and Social Criticism*, Cambridge (Mass.) 1987; dt. *Kritik und Gemeinsinn*, Frankfurt a. M. 1993.

es nicht möglich, ihr aufgrund der im Handlungsverhalten manifesten Präferenzen eine Nutzenfunktion zuzuordnen; kurz: Eine solche Person erschiene uns in hohem Maße irrational.

Da sich Wünsche und Neigungen jeder, auch der rationalen, d. h. *inter alia* in der Zeit hinreichend kohärenten Person ändern und viele dieser Änderungen vorhersehbar sind, treten – interpersonellen Kooperationsproblemen analoge – Probleme der Koordination zwischen den Handlungen einer einzelnen Person auf. Wenn man von der Fiktion, in der Zeit völlig unveränderlicher subjektiver Bewertungen einer Person absieht, ist das gesamte Spektrum von Strukturen (interpersoneller) Interaktion auch für die einzelne Person relevant. Was die Interaktion mehrerer Personen zu einem Zeitpunkt bestimmt, bildet sich in der einzelnen Person in der Koordination ihres Handelns über mehrere Zeitpunkte hinweg ab. Wenn wir darüber hinaus berücksichtigen, dass auch die rationale Person mit Konflikten konfrontiert ist, die zwischen einzelnen ihrer konativen Einstellungen zum selben Zeitpunkt bestehen können, dann treten die zwischen unterschiedlichen Personen bestehenden Interaktionssituationen auch hinsichtlich einer einzelnen Person auf.

In einer ökonomischen Terminologie heißt die Übertragung interpersoneller Strukturen der Interaktion auf praktische Entscheidungskonflikte in einer einzigen Person, dass ein intrapersonelles Analogon zur Problematik kollektiver Güter entsteht. Im interpersonellen Fall kollektiver Güter führt individuelle Optimierung zu einer suboptimalen Situation, d. h., kollektive Güter werden nicht in dem Maße bereitgestellt, wie es den Bedürfnissen der Interaktionsbeteiligten entspricht. Die Ressourcenallokation ist ineffizient. In der Gesellschaft wird das Problem kollektiver Güter zum Teil durch Staatsaktivitäten wie steuerfinanzierte Bereitstellung von Bildungseinrichtungen, Umweltreparaturen und innerer Sicherheit und zum Teil über die Bereitschaft zu bürgerschaftlichem Engagement gelöst. Während die erste Antwort auf das interpersonelle Problem kollektiver Güter noch weitgehend[21] damit vereinbar ist, dass die einzelnen Bürgerinnen und Bürger je individuell optimieren, ist das im Fall bürgerschaftlichen Engagements nicht mehr der Fall. Bürgerschaftliches Engagement sollte man als eine Form freiwilliger Bindung an gemeinsame Projekte interpretieren, die der je individuellen Optimierung Schranken auferlegt. So opfern engagierte Bürgerinnen und Bürger einen Teil ihrer Freizeit oder ihres Einkommens, um kollektive Güter bereitzustellen (oder in der Gesellschaft ein Bewusstsein dafür zu schaffen, dass diese bereitgestellt werden sollten), obwohl das je individuelle bürgerschaftliche Engagement meist keinen (von der jeweiligen Person wahrnehmbaren) Beitrag zur Bereitstellung dieser kollektiven Güter leistet.

Aufgrund der analogen Struktur von Interaktionssituationen im inter- wie im intrapersonellen Fall stellt sich das Problem kollektiver Güter dort auch in analoger Weise, d. h., die Person muss auf punktuelle Optimie-

21 »weitgehend« und nicht »vollständig« deswegen, weil etwa das System der staatlichen Steuererhebung nur dann funktioniert, wenn auch eine individuelle Bereitschaft besteht, diese Steuern ehrlich zu entrichten und Regierungen zu wählen, die den Bürgern solche Lasten in einer sozial akzeptablen, d. h. hinreichend gerechten Weise auferlegen. Beides setzt eine über individuelle Interessenoptimierung hinausgehende moralische Motivation voraus.

rung verzichten, um ihre Bedürfnisse insgesamt (in der Gesellschaft multipler Wertfunktionen, die die internen praktischen Konflikte der Person ausmachen) besser zu befriedigen. Durch diese ökonomische Redeweise wird eine nicht ganz unbedenkliche inhaltliche Verkürzung der Problematik nahe gelegt, denn die ökonomische Analyse kollektiver Güter behandelt die Konformität mit Regeln nach wie vor instrumentell und bleibt daher in einem weiteren Sinne im konsequentialistischen Rahmen, auch wenn sie immerhin die Diskrepanz zwischen je individueller Optimierung und kollektiver Rationalität deutlich macht.

Die Strukturierung von Handlungen (in der Zeit) ist also in beiden Fällen, dem inter- wie dem intrapersonellen, Voraussetzung für rationales Handeln. Wenn eine Gruppe von Personen, für die die Problematik kollektiver Güter besteht, die Möglichkeit dazu hat, legt sie sich selbst bestimmte Handlungsregeln – z. B. durch Sanktionen – auf, die die Sicherstellung dieser kollektiven Güter gewissermaßen erzwingen. Je kleiner die Gruppe und je größer die moralische Motivation, desto weniger sind externe Sanktionierungen nötig. Aber es gibt eine Vielzahl von gesellschaftlichen Phänomenen, die auch bei großen, anonymen Gruppen diese moralische Motivation aufweisen, dazu zählt z. B. die viel diskutierte, im Sinne der ökonomischen Orthodoxie irrationale, im Sinne der Konzeption struktureller Rationalität aber rationale Bereitschaft der meisten demokratisch gesinnten Bürgerinnen und Bürger, die Mühe auf sich zu nehmen, zur Wahl zu gehen, obwohl dieser Akt – jedenfalls in Deutschland – weder belohnt noch seine Unterlassung bestraft wird, und obwohl allen bewusst ist, dass die

Wahrscheinlichkeit, mit der Abgabe der eigenen Stimme irgendeine politische Veränderung zu bewirken, praktisch bei Null liegt.

Wenn für eine Gruppe von *N* Personen gilt, dass jede dieser *N* Personen es befürwortet, dass alle aus dieser Gruppe eine Regel *R* befolgen, die die Bereitstellung eines kollektiven Gutes ermöglicht, so ist es unter den Bedingungen wechselseitigen Vertrauens – d. h. eigener Kooperationsbereitschaft und der Erwartung der Kooperationsbereitschaft der Übrigen – nicht notwendigerweise irrational, diese Regel, auch wenn sie nicht sanktioniert ist, einzuhalten. Eine Theorie praktischer Rationalität, die eine Kooperationsbereitschaft dieser Art und damit die korrespondierende Regeleinhaltung für irrational erklärt, kann nicht adäquat sein. (Wohlgemerkt behaupte ich nicht, dass das konträre Gegenteil der Fall ist, nämlich dass in allen diesen Fällen Regeleinhaltung rational sei.) Eine Theorie praktischer Rationalität muss zulassen, dass rationale Personen gemäß einer Regel freiwillig handeln (wenn sie nur entsprechend motiviert sind), deren Erzwingung sie rationalerweise befürworten würden. Warum sollen Menschen nicht ohne Zwang etwas tun, das sie mit Zwang tun würden und dessen Erzwingung sie befürworten? Noch einmal: Dieses Argument schließt nicht aus, dass es in der Regel rational ist, wenn sich Gruppen, konfrontiert mit Problemen kollektiver Güter, entsprechende Zwänge auferlegen. Es ist jedoch nicht einsehbar, warum Handlungsbindungen, die im allgemeinen Interesse sind, nur in Form äußeren Zwanges und nicht auch motiviert durch Einsicht in die Interaktionsstruktur selbst und das gemeinsame Interesse an Kooperation möglich sein sollten.

Gleiches gilt für den intrapersonellen Fall. Warum soll die Einsicht in die Zweckmäßigkeit einer Regelkonformität, die das intrapersonelle Problem kollektiver Güter beheben würde, nicht für sich genommen ausreichen, um die Person zu motivieren, dieser Regel entsprechend zu handeln? Wir müssen dazu keine zusätzlichen Motive annehmen, die die Person dazu bringt, die jeweilige regel-konforme Handlung zu wählen. Die Handlung wird gewählt, weil sie Teil der gewünschten Struktur ist. Die Handlung wird nicht gewählt, weil sie einer aktuellen Neigung der Person entspricht. Hierin mag man die wesentliche Übereinstimmung mit der kantischen Konzeption sehen: Die vernünftige Handlungswahl ist autonom und nicht heteronom, d. h. durch die im Augenblick jeweils wirkenden Neigungen bestimmt. Diese Gemeinsamkeit darf aber nicht zu aprioristischen Übertreibungen verleiten: Der Wunsch, eine bestimmte Handlungsstruktur zu realisieren, ist keineswegs unabhängig von Neigungen, sondern wird vernünftigerweise vor dem Hintergrund des gesamten Komplexes konativer Einstellungen der Person ausgebildet. Dabei gehen neben im traditionellen Sinne moralischen Kategorien der Beurteilung (Rücksichtnahme auf andere etc.) auch die eigenen Neigungen (basalen Wünsche) in die Abwägung mit ein. Jeder Versuch der Formalisierung muss hier scheitern. Es gibt keine logischen oder auch quasi-logischen Kriterien, nach denen die Vernünftigkeit erstrebter Strukturen beurteilt werden könnte. In dieser Hinsicht bleibt die praktische Philosophie Kants und vieler seiner Adepten bis heute an einen Rationalismus gebunden, der nicht haltbar ist. Wir bleiben im Komplex unserer konativen und epistemischen Einstellungen gefangen, und ein Mehr an praktischer Vernunft stellt sich nur in der bescheidenen Form einer erhöhten Kohärenz[22] dieser beiden miteinander verkoppelten Einstellungsarten dar.

Wir nennen eine Handlung »strukturintentional«, wenn sie im Hinblick auf ihre Strukturkonformität gewählt wurde: Die Person möchte eine bestimmte temporale Handlungsstruktur realisieren und sie wählt deswegen (= so motiviert) diese Handlung. Oft wird es Personen schwer fallen, die intendierte Handlungsstruktur explizit zu machen, das ändert aber nichts daran, dass es sich bei dieser Art der Handlungsmotivation nicht um einen seltenen Sonder-, sondern um den Normalfall alltagspraktischer Entscheidungen handelt. Im krassen Gegensatz zu den Annahmen der Standardtheorie ist eine Handlung, die ohne jede Strukturintention zustande kommt, schwer vorstellbar. Die in der Literatur gelegentlich diskutierten Beispiele im Rahmen der Standardtheorie sind typischerweise aus jedem Begründungskontext herausgerissen und insofern nur unvollständig beschrieben. Sobald die handlungsleitenden Gründe explizit gemacht würden, wäre der punktintentionale Anschein dieser Beispiele nicht mehr aufrechtzuerhalten. Im nächsten Kapitel werden wir die Rolle von Handlungsgründen für diese Konzeption struktureller Rationalität erörtern. Isolierung einfacher Handlungsbeispiele von ihrem weiteren Kontext leitender Gründe, konativer Einstellungen und epistemischer Überzeugungen ist zum Zwecke der Analyse selbstverständlich legitim. Eine Isolierung dieser Art darf aber nicht dazu führen,

22 Näheres dazu im letzten Kapitel der vorliegenden Ausgabe.

dass unter der Hand ein gelegentlich als »intentionalistisch« bezeichnetes Paradigma praktischer Rationalität etabliert wird, das schon von seiner Konstruktion her strukturblind ist.

Ein bekanntes Beispiel:

(1) Eine Person *P* wünscht die Hütte zu heizen;
(2) *P* weiß, dass es nötig ist, ein Feuer anzuzünden, um die Hütte zu heizen;

daraus ergibt sich die aufgrund der konativen Prämisse (1) und der epistemischen Prämisse (2) die rationale Handlung:

(3) *P* macht Feuer.

Als Paradigma verstanden, könnte dieses Beispiel das Missverständnis nahe legen, dass praktische Rationalität – wie in Kapitel 1 diskutiert – darin besteht, den jeweils im Augenblick auftretenden Neigungen (basalen Wünschen) durch ein Handeln zu entsprechen, das durch bestimmte (epistemische) Überzeugungen ausgerichtet wird. Georg Henrik von Wright, der dieses Beispiel gebraucht hat[23] und der einen wesentlichen Beitrag geleistet hat, die Standardtheorie im 20. Jahrhundert zu etablieren, ist später bei der Analyse anderer, ebenfalls isolierter Handlungsbeispiele stutzig geworden und hat die paradigmatische Rolle des von ihm so genannten »intentionalistischen Modells« drastisch eingeschränkt. So ist v. Wright Ende der 70er Jahre zu der Überzeugung gekommen, dass z. B. die Befolgung eines Befehls nicht unter das »intentionalistische Modell« zu subsumieren

23 Vgl. Georg Henrik von Wright, *The Varieties of Goodness*, London 1963.

sei, da hier die Handlung einen Befehl (und keinen augenblicklichen Wunsch der handelnden Person) erfüllt; sie reagiert gewissermaßen auf eine Aufforderung, eine Bitte oder auch ein zuvor gegebenes Versprechen.[24]

Aber selbstverständlich gilt auch für solche Beispiele, dass die betreffende Handlung intentional ist. Sie ist kein bloßer Reflex auf einen äußeren Reiz (den gegebenen Befehl etc.), sondern sie folgt – wie andere Handlungen auch – Gründen. Diese Gründe sind allerdings in der Regel nicht dadurch angemessen zu beschreiben, dass ich auf einen im Augenblick auftauchenden oder wirksam werdenden basalen Wunsch der handelnden Person Bezug nehme. Vielmehr spielt hier die Legitimation der befehlgebenden Person eine Rolle und ob die handelnde Person Befehlen dieser Art überhaupt Folge leisten will, d. h. es für richtig hält, wenn sie Befehlen dieser Art Folge leistet. Die strukturellen Merkmale rationaler Entscheidung treten hier deutlicher zutage.

Die Rationalität einer Handlung ist punktuell grundsätzlich nicht zu bestimmen. Sie nimmt implizit oder explizit immer auf Strukturen Bezug. Die Feuer machende Person muss sich z. B. vergewissern, dass sie damit niemand anderen schädigt, dass Feuermachen der beschriebenen Art nicht – wenn allgemein praktiziert – u. U. zu einer ökologischen Katastrophe führt etc., d. h., sie muss sicherstellen, dass die Befolgung ihrer augenblicklichen Neigung, die Hütte zu heizen, tatsächlich einen guten

24 Vgl. Georg Henrik von Wright, »Das menschliche Handeln im Lichte seiner Ursachen und Gründe«, in: Hans Lenk (Hrsg.), *Handlungstheorien – interdisziplinär*, Bd. 2,2: *Handlungserklärungen und philosophische Handlungsinterpretation*, München 1979.

Grund konstituiert. Dies kann sie nur feststellen, wenn sie ihre punktuelle Entscheidungssituation in den größeren strukturellen Rahmen einfügt. Diese Einfügung hat in der Regel den Charakter von Einschränkungen der Handlungsoptionen. Strukturen lassen sich deshalb weitgehend in der Sprache der Handlungsbindungen und -beschränkungen charakterisieren. Strukturen werden realisiert, wenn die je punktuelle Optimierung bestimmten Einschränkungen unterworfen wird. *A limine* mag man daher von einer rein »strukturintentionalen« ebenso wie von einer rein »punktintentionalen« Handlung sprechen. Die (rein) strukturintentionale Handlung wäre ausschließlich dadurch motiviert bzw. durch die entsprechenden Gründe bestimmt, dass sie sich in die entsprechende Struktur einfügt. Auch wenn mehrere Handlungsoptionen, für die das zutrifft, vorliegen, könnte dann immer noch von einer (rein) strukturintentionalen Handlung gesprochen werden, wenn die Person hinsichtlich ihrer augenblicklichen konativen und epistemischen Einstellungen indifferent zwischen diesen Optionen ist. Um von einer (rein) strukturintentionalen Handlung zu sprechen, muss diese also nicht die einzige sein, die mit der betreffenden Struktur übereinstimmt. Die (rein) punktintentionale Handlung wäre eine solche, bei der Bindungen und Einschränkungen durch gewünschte Strukturen keine Rolle spielen. Diese beiden Reinformen sind vermutlich äußerst selten. In der Regel wählen wir eine Entscheidung so, dass sie punktuell in den Grenzen optimiert, die wir uns aufgrund der gewünschten Strukturen auferlegen.

Nicht jede (temporale) Handlungsstruktur ist das Ergebnis strukturintentionaler Handlungen. In vielen Fällen ergeben sich temporale Handlungsstrukturen durch äußere Zwänge, die der Person gar keine andere Möglichkeit lassen, als der betreffenden Struktur konform zu handeln oder durch Sanktionen, die es zumindest angeraten sein lassen, das Handeln entsprechend zu strukturieren. Wir müssen daher unterscheiden zwischen solchen (temporären) Handlungsstrukturen, die die Person durch frei gewählte (strukturkonforme) Handlungen realisiert hat, und solchen, für die das nicht gilt. Wir nennen eine Handlungsstruktur »intentional«, wenn sie das Ergebnis von Einzelentscheidungen ist, die im Hinblick auf ihre Strukturkonformität gewählt wurden. Kurz: Eine Handlungsstruktur ist intentional, wenn ihre konstituierenden Einzelhandlungen jeweils strukturintentional sind. Strukturen, die durch punktintentionale Entscheidungen entstehen, sind nicht intentional, da sie gewissermaßen nur die Nebenfolge punktueller Entscheidungen sind. Schließlich kann man noch unterscheiden zwischen »explizit intentionalen« und »implizit intentionalen« Handlungsstrukturen. Eine Handlungsstruktur wäre nur implizit intentional, wenn der Person die Regel, die sie mit ihren Handlungen befolgt, nicht bewusst ist, sie jedoch die Handlungen frei, z. B. aus einer bestimmten konativen Einstellung heraus, wählt, was zu der betreffenden Regelkonformität führt. Handlungsstrukturen sind explizit intentional, wenn die Person ihre Handlungen bewusst im Hinblick auf die betreffende Regel wählt. Diese entsprechen dem kantischen Modell rationaler Motivation. Wenn Handlungsstrukturen nicht das Ergebnis strukturintentionaler Einzelentscheidungen sind, dann können wir das auch dadurch ausdrücken, dass wir von »nicht-intentionalen« Strukturen sprechen.

An einem Beispiel seien diese Unterscheidungen verdeutlicht. Ein Raucher kommt zu der Überzeugung, dass es für ihn insgesamt besser wäre, mit dem Rauchen aufzuhören. Er muss damit eine vertraute Gewohnheit, sich in bestimmten Situationen eine Zigarette anzuzünden, ablegen. Er befürwortet für sein zukünftiges Handeln die Bindung an die schlichte Regel, sich in Zukunft unter keinen Umständen mehr eine Zigarette anzuzünden. Seine spontanen, durch rationale Abwägung nicht kontrollierbaren Wünsche gehen allerdings in eine andere Richtung; sie würden erfüllt, wenn er in der betreffenden Situation, in der diese Wünsche typischerweise auftreten, erneut zur Zigarettenschachtel greifen würde. Der Raucher kann nun in Sorge, ob seine Willenskraft jeweils ausreicht, entscheiden, sich für einige Wochen auf eine einsame Berghütte zu begeben, wo keine Zigaretten erhältlich sind. Er kann diese Entscheidung in die Tat umsetzen und sich damit selbst eine externe, im Folgenden dann nicht mehr intentionale Handlungsstruktur auferlegen: Er kann, wenn diese Entscheidung einmal getroffen ist, gar nicht mehr anders, als der befürworteten Regel (sich in Zukunft keine Zigarette mehr anzuzünden) zu folgen. Wenn der Raucher jedoch seiner Willensstärke vertraut, zu Hause bleibt und sich in Zukunft trotz vielfältiger Versuchungen keine Zigarette mehr anzündet, dann ist diese Handlungsstruktur (explizit) intentional: Die jeweilige Handlung bzw. Unterlassung (sich trotz eines spontan empfundenen Wunsches in der jeweiligen Situation keine Zigarette anzuzünden) ist mit dieser Regel konform, und dies entspricht einer bestehenden Intention des Rauchers bzw. Ex-Rauchers: Die Einzelentscheidung ist strukturintentional. Auch im

Falle der Entscheidung, sich auf eine Hütte zurückzuziehen, kann man natürlich davon sprechen, dass die Intention, mit dem Rauchen aufzuhören bzw. die entsprechende Verhaltensregel einzuhalten, fortbestehe. Aber die fortwährende Einhaltung ist nicht mehr Ergebnis freier (strukturintentionaler) Einzelentscheidungen.

Diejenige Person, die glaubt, ohne externe Bindung auszukommen, vertraut ihrer Willenskraft, die es ihr ermöglicht, ihren im jeweiligen Zeitpunkt dominierenden Neigungen entgegen zu handeln. In jedem einzelnen Fall, in dem sie trotz einer aufkommenden starken Neigung, sich nun eine Zigarette anzuzünden, dieses unterlässt, tut sie das in der Absicht, sich an die selbst auferlegte Regel zu halten und damit die Handlungsstruktur zu realisieren. Es wäre überaus künstlich, diese lange Folge von bewussten Unterlassungen (sich eine Zigarette anzuzünden) als Ergebnis eines Abwägungsprozesses im singulären Fall zu interpretieren. Es sind nicht die gesundheitsschädlichen Auswirkungen der nächsten Zigarette, die zu rauchen man unterlässt, die einen davon abhalten, diese Zigarette anzuzünden, sondern es ist die Absicht, mit dem Rauchen ein für alle Mal aufzuhören (d. h. sich an die betreffende Regel, die durch diese Folge von Unterlassungen befolgt wird, zu halten). Selbst wenn bei einer punktuellen Betrachtung die singuläre Abweichung von der intendierten Handlungsstruktur berücksichtigt wird, entspräche es nicht der in einem solchen Fall tatsächlich vorliegenden Motivlage, die betreffende singuläre Unterlassung als Ergebnis einer Abwägung der Folgen und Nebenfolgen (sich die nächste Zigarette anzuzünden oder es zu unterlassen) zu interpretieren. Die Motivlage ist in erster Linie durch die

Absicht, die betreffende Regel einzuhalten und den je auftretenden entgegengesetzten Neigungen nicht nachzugeben, charakterisiert. Wie auch immer eine punktuelle Betrachtung angereichert wird – etwa mit dem intrinsischen Wert von Regeleinhaltungen und ähnlichen Tricks –, sie bleibt unbefriedigend. Erst die »strukturelle« Betrachtung, die strukturintentionale Entscheidungen in die Analyse einführt, beschreibt die Situation richtig.

4
Handlungsgründe

Äußere, aber auch innere Bedingungen erlegen dem Handeln Strukturen auf. Ein Teil der inneren Bedingungen hat einen rationalen Charakter: Die Person akzeptiert einen bestimmten Handlungsgrund, und dies äußert sich darin, dass sie ihre Handlungen entsprechend strukturiert. Gründe sind – entsprechend der in Kapitel 1 verteidigten Interpretation – extern, sie sind unabhängig von der je subjektiven Verfassung einer Person, sie sind auch unabhängig von der kollektiven subjektiven Verfassung von Personengruppen, seien es kulturelle, ethnische, nationale, religiöse oder andere »kollektive Identitäten«. Sie werden jedoch erst handlungsleitend, wenn sie als solche akzeptiert sind. Das Akzeptieren eines Grundes gehört zu den inneren Bedingungen, obwohl Gründe nicht Teil des subjektiven Zustandes einer Person sind.

Vieles tut man z. B. aus Rücksichtnahme gegenüber anderen Personen. »Warum hast du das getan?«, »Weil ich dir gegenüber Rücksicht nehmen wollte«. Eine solche Antwort mag der weiteren Erläuterung bedürfen, aber unzweifelhaft ist, dass die Pflicht zur Rücksichtnahme ein guter Grund sein kann, etwas zu tun. Rücksichtnahme und die grundlegendere Einstellung des Respekts gegenüber anderen Personen und den von ihnen gewählten Lebensformen (ihren besonderen Wünschen und Bedürfnissen, ihren Werthaltungen) finden ihren Ausdruck in bestimmten strukturellen Einschränkungen von Handlungsoptionen. Diese strukturellen Einschränkungen sind zum Teil juridisch fixiert und entsprechend sanktioniert. Zu einem größeren Teil müssen sie von jeder Person immer wieder neu bestimmt werden, und es gehört ein gewisses Maß an Einfühlungsvermögen und Feingefühl dazu, die korrespondierenden Regeln zu bestimmen. Der tugendethische Ansatz ist dabei gegenüber expliziten Regeln eher skeptisch und vertraut auf die jeweils situationsbezogen angemessene Einstellung (Tugend) der Rücksichtnahme und des Respekts. Unter günstigen Bedingungen, d. h. bei hinreichender Willensstärke und kognitiv angemessener Einschätzung der Situation, äußern sich die jeweils akzeptierten Handlungsgründe in unseren konkreten Entscheidungen. Die akzeptierten Handlungsgründe legen unserem Handeln Strukturen auf. Sich einen bestimmten Handlungsgrund zu eigen zu machen (und diesen gegenüber kritischen Nachfragen anzuführen), legt auf die betreffende strukturelle Bindung des Handelns fest. Eine Person, die einen Handlungsgrund anführt, ohne die korrespondierende Struktur in ihrem Handeln aufzuweisen, ist unglaubwürdig.

Der Vertreter der Standardtheorie könnte einwenden, dass Handlungen Neigungen zum Ausdruck bringen und nicht etwa das Akzeptieren bestimmter Handlungsgründe. Dazu ist das Wichtigste schon im ersten Kapitel gesagt worden. Hier wäre nur noch hinzuzufügen, dass unsere Fähigkeit, für jede Handlung Gründe nennen zu können, dagegen spricht, dass Neigungen unser Handeln direkt bestimmen. Es ist analytisch wahr, dass wir für Handlungen Gründe angeben können. Wenn wir für ein bestimmtes Verhalten keine Gründe (sondern höchstens Ursachen) angeben können, dann ist dieses Verhalten nicht als eine Handlung zu charakterisieren. Handlungen sind bewusst gewählt, und entsprechend können kognitiv hinreichend ausgestattete Personen die Gründe nennen, aus denen heraus sie diese Handlung gewählt bzw. die entsprechende Entscheidung getroffen haben. Bei intellektuell schwerfälligen Menschen ist es bisweilen schwierig, herauszubekommen, welche Handlungsgründe sie tatsächlich leiten. Man darf die Fähigkeit zur verbalen Wiedergabe des Handlungsgrundes jedoch nicht mit dem Vorliegen des Handlungsgrundes identifizieren. Es kommt vor, dass eine Person aus einem bestimmten Grund heraus handelt, ohne diesen Grund verständlich formulieren zu können. Menschen, die z. B. wegen eines Hirnschlages vorübergehend an Aphasie leiden, weisen dennoch häufig in ihrem Handeln Strukturen auf, die auf bestimmte Handlungsgründe hinweisen. Auch bei Kleinkindern, die der Sprache noch nicht mächtig sind, und bei höheren Säugetieren sind ab einem bestimmten Entwicklungsgrad kognitiver Fähigkeiten Gründe auszumachen, die das Handeln leiten. Ohne die Zuschreibung komplexer intentionaler Zustände ist es allerdings nicht sinnvoll, von begründetem Handeln zu sprechen. Dann sollte der Handlungsbegriff generell fallen gelassen und nur noch von Verhalten gesprochen werden.

Handeln bringt (akzeptierte) Gründe zum Ausdruck. Sofern ein Verhalten bloße Neigungen zum Ausdruck bringt, es also nicht von Gründen gesteuert ist, hat es keinen Handlungscharakter. Viele Handlungen sind allerdings – ganz legitimerweise – darauf gerichtet, bestimmte eigene Neigungen und Bedürfnisse zu befriedigen. Das gilt sicherlich nicht für alle Handlungen, und mir scheint, dass der Anteil derjenigen Handlungen, die ausschließlich darauf gerichtet sind, persönliche Neigungen und Bedürfnisse zu befriedigen, meist weit überschätzt wird. Mein Eindruck ist, dass viele Menschen – jedenfalls in unserem Kulturkreis – glauben, dass nur solche Gründe als Ausdruck von Rationalität gelten können, die auf die Befriedigung persönlicher Interessen gerichtet sind. Daher gibt es die Tendenz der entstellten Wiedergabe eigener Handlungsgründe bei kritischer Nachfrage, die *ex post* einen Zusammenhang zu eigenem Vorteilsstreben konstruieren. Es kann jedoch keine Rede davon sein, dass Gründe erst dann als rational gelten können, wenn sie auf die Beförderung des eigenen Wohls gerichtet sind.

Neigungen bestimmen Handlungen nie unmittelbar, sondern erst über akzeptierte Handlungsgründe. Es ist unter bestimmten einschränkenden Bedingungen ein guter Grund, eine Handlung zu wählen, weil diese Handlung die im Augenblick bestehende Neigung befriedigt. Über einige dieser einschränkenden Bedingungen haben wir schon in früheren Kapiteln gesprochen, und es genügt hier der Hinweis auf intertemporale Kohärenz und moralische Kriterien wie Rücksichtnahme auf andere. Mit dem Akzeptieren eines Handlungsgrundes nehmen wir Stellung auch zu der Rolle, die die eigene Neigung des Augenblicks für unser Handeln spielen soll. Die Tatsache, dass ich ein bestimmtes Versprechen gegeben habe, bildet (unter bestimmten einschränkenden Bedingungen) ebenso einen Handlungsgrund wie die Tatsache, dass ich eine bestimmte Neigung habe. Die Tatsache, dass eine bestimmte Handlung zu meinem Vorteil gereichen würde, kann ein guter Grund sein, etwas zu tun, wie dies auch für eingegangene Verpflichtungen, für mit der jeweiligen sozialen Rolle verbundene Pflichten und für die in der jeweiligen Entscheidungssituation als relevant geltenden Tugenden der Fall ist. Im großen Spektrum von Entscheidungsmerkmalen, die zur Bestimmung guter Handlungsgründe relevant sein können, spielen Neigungen der handelnden Person keine Sonderrolle. Wie alle übrigen (empirischen) Entscheidungsmerkmale werden sie relevant durch die »Stellungnahme« der handelnden Person in Form der von ihr akzeptierten Gründe. Eine Unterscheidung im Bereich moralisch motivierten Handelns einerseits und an eigenem Interesse ausgerichteten Handelns andererseits, eine Dichotomie von moralischer und rationaler Entscheidung, eine Entgegensetzung von moralischer Entscheidung und Klugheitswahl, ist unter dem Aspekt der durch Gründe bestimmten Handlung irrelevant. Jede Handlung ist durch Gründe bestimmt. Jede Handlung ist insofern Ausdruck einer Stellungnahme der Person zu Handlungsgründen. Erst die Feststellung, dass Neigungen niemals direkt, sondern nur vermittelt über Handlungsgründe, die diese zur Bestimmung rationaler Entscheidung heranziehen, handlungsrelevant sind, macht die Freiheit des Handelns aus. Willensschwäche ist eine Form, diese Freiheit einzubüßen. Typischerweise hat die willensschwache Person daher Schwierigkeiten, ihre Handlungen gut zu begründen. *A limine* kann man dem Verhalten einer willensschwachen Person keinen Handlungscharakter mehr zuschreiben (s. Kap. 8).

Die rationale und willensstarke Person wählt diejenige Handlung, die aus der Abwägung von möglicherweise konfligierenden *prima facie*-Handlungsgründen als die angemessene, d. h. wohlbegründete, hervorgegangen ist. Diese Abwägung bezieht – wie gesagt – subjektive Merkmale wie Neigungen und Interessen der Person mit ein. Dennoch ist der Ausdruck »subjektiver Handlungsgrund« ein Oxymoron, wie z. B. der Ausdruck »subjektive Tatsache«. Eine Tatsache besteht oder sie besteht nicht. Eine Handlung ist wohl begründet oder nicht. Personen sind Tatsachen allerdings nie direkt, sondern immer nur vermittelt über ihre Meinungen zugänglich. Das heißt, eine Person ist davon überzeugt, dass eine bestimmte Proposition *P* eine Tatsache darstellt. Damit wird *P* keine subjektive Tatsache. Die Person ist vielmehr davon überzeugt, dass *P* eine Tatsache ist. Gleiches gilt für Handlungsgründe. Eine Person, die zu dem Ergebnis kommt, dass *G* ein guter Grund sei, hat eine bestimmte Meinung. Diese Meinung kann man »subjektiv« nennen (dies allerdings wäre dann ein Hendiadyoin). Meinungen haben es an sich, »subjektiv« zu sein. Ebenso haben es »Gründe« an sich, »objektiv« zu sein wie Tatsachen. Meinungsverschiedenheiten über gute Handlungsgründe sind ganz analog zu behandeln wie Meinungsverschiedenheiten über Tatsachen. Handlungsgründe sind objektiv. Meinungen über Handlungsgründe sind subjektiv.

Subjektivisten bezüglich der Begründung von Handlungen, die meistens zugleich Proponenten der Standardtheorie sind, werden einwenden, dass diese objektivistische Theorie der Handlungsgründe der Personenrelativität von Handlungsgründen nicht gerecht werde. Das, was für die eine Person *P* einen guten Grund darstelle, *h* zu tun, muss für eine andere Person keinen guten Grund darstellen, *h* zu tun. Es wäre unangemessen, alle Personen unter das gleiche Joch guter Gründe zu spannen. Dieses Argument verweist darauf, dass wir bei der Theorie praktischer Gründe Wert auf hinreichende Komplexität legen müssen. Ein Hinweis wurde oben schon gegeben, dass nämlich individuelle Neigungen ein guter Grund sein können, etwas zu tun. Nicht alle Personen haben die gleichen individuellen Neigungen. Sofern sie unterschiedliche Neigungen haben, führt dies dazu, dass unterschiedliche Handlungen jeweils individuell gut begründet sind. Dann besteht für die eine Person aufgrund der empirischen Bedingung, dass sie eine betreffende Neigung aufweist, ein guter objektiver Grund, etwas zu tun, der für eine andere Person, die nicht die gleiche empirische Bedingung aufweist (z. B. andere Neigungen hat), nicht besteht. Diese Form von Personenrelativität ist harmlos und mit einer objektiven Theorie praktischer Gründe selbstverständlich vereinbar.

Relativität sollte nicht voreilig als Indiz für Subjektivität genommen werden, sondern als Herausforderung, die betreffende Theorie so zu gestalten, dass sie diese Relativität unter Zugrundelegung nichtrelativer, objektiver Kriterien zu rekonstruieren gestattet. Tatsächlich wird eine gewisse Personenrelativität guter Gründe in unseren Alltagsdiskursen wie selbstverständlich akzeptiert. Die philosophische Theorie sollte dahinter nicht zurückfallen. Die Redeweise »Das ist für dich (aber nicht für mich) ein guter Grund« kann subjektivistisch interpretiert werden: »Dies erscheint dir als ein guter Grund, aber mir nicht« (dann sollte allerdings auch diese Formulierung gewählt werden), oder sie kann relativistisch interpretiert werden: Gute Handlungsgründe sind interpersonell variant, es gibt keine allgemeingültigen praktischen Gründe – sie sollten jedoch differenziert, aber objektivistisch interpretiert werden: »Aufgrund unseres gemeinsamen Verständnisses guter Gründe ist dies angesichts deiner Situation ein (objektiv) guter Grund dafür, dass du *h* tust, während ich in einer anderen Situation bin (z. B. andere Neigungen habe), die eine Handlung des gleichen Typs für mich nicht begründen würde.« Solange wir ernsthaft über Gründe diskutieren, legen wir uns implizit auf ein objektivistisches Verständnis fest. Die Form, in der wir über praktische Fragen nachdenken und diskutieren, ist mit einem subjektivistischen oder relativistischen Verständnis unvereinbar.[25]

Die Berücksichtigung eigener Neigungen und Interessen als gute Gründe ist mit einem objektivistischen Verständnis praktischer Gründe kompatibel. Wenn man sich das weite Spektrum unterschiedlicher Arten von Handlungsgründen vor Augen führt, wird jedoch plausibel, dass die übliche Dichotomisierung von Handlungsgründen in moralische und außermoralische aufgegeben werden sollte.

Zunächst kann man unterscheiden zwischen Handlungsgründen, die sich ausschließlich auf Konsequenzen des Handelns beziehen und solchen, die das nicht tun. Die Standardtheorie wird meist mit der zusätzlichen

25 In einem auffallenden Kontrast zur Praxis normativer Alltagsdiskurse steht das verbreitete subjektivistische oder relativistische metatheoretische Urteil in unserem Kulturkreis. Die gleichen Personen, die ernsthaft darüber diskutieren, ob eine bestimmte Handlung richtig war, meinen, dass es keine objektiven normativen Kriterien gäbe. Ich halte es nicht für ausgeschlossen, dass hier die über Jahrzehnte subjektivistisch geprägte praktische Philosophie nachwirkt.

Annahme verknüpft, jede rationale Handlung sei darauf gerichtet, ihre Konsequenzen zu optimieren. Wenn der Begriff »Handlungskonsequenz« nicht bis zur völligen Willkür ausgeweitet wird, so dass jedes relevant erscheinende Merkmal einer Handlung als »Konsequenz« gelten kann, dann ist diese *konsequentialistische Theorie praktischer Rationalität* falsch. Es gibt zahlreiche gute Gründe, etwas zu tun, die sich nicht lediglich auf die Konsequenzen – seien sie kausaler oder probabilistischer Natur – der Handlung beziehen. Wenn mir jemand einen Gefallen getan hat, dann habe ich einen guten Grund, ihm dankbar zu sein und diese Dankbarkeit gegebenenfalls auch in meinem Handeln zum Ausdruck zu bringen. Dieser Handlungsgrund besteht unabhängig davon, welche Konsequenzen die betreffenden Handlungen aus Dankbarkeit nach sich ziehen. Es mag sein, dass die Person dadurch auch in Zukunft geneigt ist, mir einen Gefallen zu tun. Diese Erwartung ist aber nicht der Grund meiner Dankbarkeit, und selbst, wenn ich annehmen muss, dass diese Person nie mehr die Gelegenheit haben wird, mir einen Gefallen zu erweisen, habe ich Grund, dankbar zu sein (und ggf. entsprechend zu handeln). Der Grund des Handelns liegt gewissermaßen in der Vergangenheit: Ich bin dankbar (und handle entsprechend), weil die Person in der Vergangenheit mir einen Gefallen getan hat. Ich muss nichts über die Zukunft wissen, um dankbar zu sein und entsprechend zu handeln. Möglicherweise sinniere ich darüber, mit welcher Handlung ich der Person, der ich dankbar bin, eine Freude bereiten kann, und wäge insofern Handlungsfolgen ab. Daraus lässt sich jedoch kein Gegenargument konstruieren, denn damit wird lediglich aus der Vielzahl möglicher Handlungen, die Ausdruck meiner Dankbarkeit sind, eine besonders geeignete gewählt, aber der eigentliche Handlungsgrund nicht modifiziert.

Nicht nur Handlungen anderer Personen, sondern auch eigene Handlungen können gute Handlungsgründe bestimmen. Wenn ich ein Versprechen gegeben habe, habe ich in der Regel einen guten Grund, dieses Versprechen zu halten. Dieser gute Grund ist unabhängig davon, ob die Konsequenzen, die sich daraus ergeben, dass ich mein Versprechen im Einzelfall halte, optimal sind. Wenn die Menschen ihre Versprechen nur noch dann einhalten würden, wenn sie erwarteten, damit die Konsequenzen zu optimieren, verlöre die Institution des Versprechens ihre wichtige Rolle zur Koordination unseres Verhaltens. Daraus folgt allerdings nicht, dass die Institution des Versprechens schon durch den einzelnen Versprechensbruch ihre koordinierende Rolle verliert. Ein Versprechen gegeben zu haben, zieht in der Regel einen guten Grund nach sich, dieses Versprechen zu halten. Auch dieser Typ eines Handlungsgrundes orientiert sich nicht lediglich an den Konsequenzen des Handelns.

Auch eine an mich gerichtete Bitte ist in der Regel für sich genommen ein guter Grund, dieser Bitte zu folgen. Natürlich können in jedem Einzelfall andere Gründe konfligieren, die größeres Gewicht haben und daher den jeweiligen *prima facie*-Grund entkräften. Dies ändert jedoch nichts daran, dass erfahrenes Wohlwollen, gegebene Versprechen oder ausgesprochene Wünsche für sich genommen jeweils *prima facie*-Grund sind, entsprechend zu handeln: sich dankbar zu zeigen, das Versprechen zu halten, der Bitte nachzukommen.

Sind Handlungsgründe der genannten Art moralisch oder außermoralisch? Die sorgsame Trennung zwischen Gründen, die mein eigenes Wohlergehen fördern und daher Klugheitsgründe sind, und solchen, die das Wohlergehen anderer fördern oder sich in anderer Weise auf die Interessen (oder Rechte etc.) anderer Personen beziehen und daher als moralisch gelten, erscheint angesichts der hier nur an drei Beispielen angedeuteten Vielfalt guter Gründe als künstlich. Wenn ich einer Bitte nachkomme, so tue ich das aus gutem Grund, aber ohne moralische Motivation. Wenn ich meinen eigenen Interessen folge, so habe ich dafür nur dann einen guten Grund, wenn dies nicht zu einer Schädigung anderer Personen führt.

Die Tatsache, dass gute Handlungsgründe sich oft nicht auf die Konsequenzen der Handlung beziehen, spricht für eine strukturelle Theorie praktischer Rationalität und gegen eine konsequentialistische Reduktion auf Absichten, die durch die Folgen der Handlung erfüllt werden. Die rationale Handlung ist in den meisten Fällen nicht das Mittel, um bestimmte beabsichtigte Wirkungen in der Welt hervorzurufen. Die rationale Handlung repräsentiert akzeptierte gute Gründe, manche beruhen auf erfahrenem Wohlwollen, manche auf gegebenen Versprechen, andere auf geäußerten Wünschen oder gegebenen Befehlen, einige auf eigenen Interessen oder auf den vermuteten Interessen anderer, viele auf Rechten und Pflichten, einige wenige (direkt) auf ethischen Prinzipien. Diese große Vielfalt praktischer Gründe ist das Ausgangsmaterial einer jeden Theorie praktischer Vernunft, es steht nicht beliebig zur Disposition, vielmehr muss sich jede Theorie an dieser Vielfalt bewähren. Da es innerhalb dieser Vielfalt praktischer Gründe immer wieder zu Konflikten kommt, ist Rationalisierung (d. h. in der Regel Theoriebildung) sogar gefordert, um praktische Dilemmata aufzulösen und Orientierung auch dort zu bieten, wo lebensweltliche Gründe versagen. Integration der lebensweltlichen Vielfalt praktischer Gründe in ein hinreichend komplexes Verständnis praktischer Vernunft und Modifikation lebensweltlicher Gründe durch Rationalisierung sind keine unvereinbaren Gegensätze, sondern gemeinsam Leitschnur guter praktischer Philosophie.

5
Kooperation

Ohne die Bereitschaft, mit anderen zu kooperieren, wäre keine Gesellschaft lebensfähig. Die Formen der Kooperation sind dabei derart vielfältig, dass es zunächst hoffnungslos erscheinen mag, eine allgemeine Charakterisierung von kooperativem Handeln vorzunehmen. Mit elementaren, entscheidungstheoretischen Mitteln ist jedoch eine Definition von Kooperation möglich. Eine kooperative Handlung lässt sich demnach als die Wahl der dominierten Strategie in einer Interaktionssituation vom Typ des Gefangenendilemmas definieren. Diese Definition stimmt mit den wichtigsten, wenn auch nicht allen Verwendungsweisen des Terminus »Kooperation« überein, so dass diese überraschend einfache Charakterisierung keine willkürliche »Nominaldefinition« ist.[26]

Wenn eine Person mit einer anderen kooperiert, dann stellt sie eigene Interessen zurück, um sicherzugehen, dass etwas erreicht wird, was von beiden gewünscht ist. Kooperatives Handeln ist dabei in der Regel nicht altruistisch motiviert. Es geht nicht darum, der anderen Person einen Gefallen zu tun und dabei eigene Interessen zurückzustellen. Vielmehr stimmen zwei kooperierende

26 Eine entscheidungstheoretische Analyse der Kooperationsproblematik habe ich in »Practical Reason or Metapreferences? An Undogmatic Defense of Kantian Morality«, in: *Theory and Decision* 30 (1991) S. 133–162, vorgenommen. Hier möchte ich, um der besseren Lesbarkeit willen, auf den Einsatz entscheidungstheoretischer Mittel verzichten, obwohl sie für ein höheres Maß an Präzision und Klarheit unverzichtbar sind.

Personen ihre Handlungen so ab, dass sich eine von beiden erwünschte Handlungskombination ergibt. Im Gegensatz zu bloßer Koordination ist Kooperation jedoch dadurch bestimmt, dass die kooperierenden Personen nicht je individuell ihre eigenen Interessen optimieren.

An einem einfachen Beispiel lässt sich dieser Unterschied zwischen Koordination und Kooperation registrieren: Angenommen zwei Personen wollen sich in einem Café treffen. Es gibt in der Stadt zwei Cafés. Ohne Abstimmung, in welchem Café man sich trifft, besteht die Gefahr, dass die eine Person in das eine und die andere Person in das andere Café geht. Beide haben ein übereinstimmendes Interesse daran, sich im gleichen Café zu treffen. Um koordiniert zu handeln, ist es nicht erforderlich, eigene Interessen zurückzustellen. Angenommen dagegen, zwei Mitarbeiter einer Firma streben nach derselben herausgehobenen Position. Die Chancen, für diese Position ausgewählt zu werden, steigen für diejenige Person, der es gelingt, die Arbeitsleistung der anderen in einem schlechten Licht erscheinen zu lassen. Wenn die beiden Mitarbeiter trotz der Konkurrenzsituation davon absehen, die Arbeit des jeweils anderen in einem schlechten Licht erscheinen zu lassen, dann findet eine Form der Kooperation statt. Wenn keiner von beiden zu dieser begrenzten Form der Kooperation bereit ist, würden sie wechselseitig ihre Arbeitsleistung in einem schlechten Licht erscheinen lassen, und die Wahrscheinlichkeit dafür, diese Position zu erreichen, würde für beide sinken. Beidseitige Kooperation ist also für jeden der beiden Mitarbeiter günstiger als beidseitiges Konkurrenzverhalten. Am vorteilhaftesten ist es für den Einzelnen jedoch, wenn die jeweils andere Person kooperativ handelt (die eigene Arbeitsleistung also in keinem schlechten Licht erscheinen lässt), während man selbst unkooperativ ist (d.h. hier, die Arbeitsleistung des anderen in einem schlechten Licht erscheinen lässt). Wohlgemerkt: Was immer die andere Person tut, es ist jeweils für den Einzelnen besser, unkooperativ zu sein. Wenn beide unkooperativ sind, ist dies aber für jeden Einzelnen schlechter, als wenn beide kooperativ sind.

Nun könnte man fragen: Wie kann es sein, dass beide ein Interesse an Kooperation haben, obwohl jeder Einzelne kein Interesse an Kooperation hat? Dies kann deswegen sein, weil »beide« kollektiv verwendet wird: Wir betrachten die beiden Alternativen, in denen beide gleich, nämlich entweder kooperativ oder unkooperativ handeln. In diesem Vergleich gibt es ein gemeinsames Interesse an Kooperation. Je individuell betrachtet, ist es aber immer besser, nicht zu kooperieren. Kooperation wird dadurch möglich, dass die Einzelnen auf je individuelle Optimierung (sei es hinsichtlich eigener Interessen oder anderer, auch moralischer Werte) verzichten. Für die traditionellen optimierenden Konzeptionen praktischer Rationalität ist kooperatives Verhalten daher irrational. Für die hier entwickelte strukturelle Konzeption praktischer Rationalität ist Kooperation dagegen geradezu paradigmatisch rational.

Wer kooperativ handelt, wählt seine Handlung so, dass sie (potentiell) Teil einer interpersonellen Handlungsstruktur ist, die die handelnde Person gegenüber derjenigen interpersonellen Handlungsstruktur, die aus je individuell optimierendem Verhalten resultieren würde, vorzieht. Hinzu treten muss, dass die handelnden Personen auch von den anderen (potentiell) an der Kooperation

Beteiligten annehmen, dass sie hinsichtlich dieser beiden Alternativen die gleichen Präferenzen haben, und erwarten, dass sie ebenfalls kooperationsbereit sind. Kooperationsbereitschaft äußert sich darin, dass die betreffende Person ihren Teil zur Kooperation beiträgt, wenn sie erwartet, dass die anderen ihren Teil dazu ebenfalls beitragen. Diejenigen, die hier ein Abgehen von den Prinzipien des methodologischen Individualismus argwöhnen, seien darauf hingewiesen, dass die Frage, ob eine Person kooperativ handelt, ausschließlich unter Rekurs auf Eigenschaften dieser Person bestimmt werden kann. Eine interpersonelle Handlungsstruktur ist kooperativ, wenn jede einzelne beteiligte Person kooperativ handelt und die wechselseitigen (Kooperations-)Erwartungen erfüllt werden.

Kooperativ zu handeln heißt, seine Handlung so zu wählen, dass sie Teil einer kollektiven Handlung (= Kombination individueller Handlungen, = interpersonelle Handlungsstruktur) ist, die die handelnde Person gegenüber derjenigen kollektiven Handlung, die aus je individueller Optimierung resultieren würde, vorzieht und von der sie zugleich annimmt, dass auch alle übrigen (potentiell) an der Kooperation Beteiligten die gleiche Präferenz haben. Ohne die Erwartung allerdings, dass auch die übrigen Personen sich an der Kooperation beteiligen werden, ist Kooperationsbereitschaft in der Regel irrational.

Das entscheidende Merkmal einer Kooperationssituation ist, dass das je individuell optimierende Handeln, welches im einfachsten Fall auf die Befriedigung der jeweiligen individuellen Bedürfnisse ausgerichtet ist, zu einer Kombination individuellen Handelns, d. h. zu einer kollektiven Handlung führt, die gerade diese Bedürfnisse jeder einzelnen Person weniger befriedigt als eine andere mögliche kollektive Handlung (d. h. als eine andere Kombination individueller Handlungen). Diese Beschreibung mag auf den ersten Blick inkonsistent erscheinen: Wenn jede einzelne Person ihrer Bedürfnislage entsprechend optimal handelt, dann kann es doch nicht sein – so möchte man meinen –, dass eine andere Kombination individuellen Handelns, die nicht das Ergebnis individueller Optimierung ist, für jede einzelne Person eine bessere Befriedigung ihrer Bedürfnisse erlaubt. Diese Argumentation ist jedoch – wie die Existenz des so genannten Gefangenendilemmas in der Spieltheorie zeigt – nicht stichhaltig.

Kooperation ist nicht unter allen Bedingungen ein guter Handlungsgrund. Zum Beispiel sind Kartelle, d. h. gezieltes, meist durch inoffizielle Absprachen gestütztes Zusammenwirken mehrerer Firmen mit dem Ziel, untereinander die Konkurrenzsituation zumindest abzuschwächen, gesamtwirtschaftlich nicht wünschenswert, da sie ein überhöhtes Preisniveau schaffen und die Vorteile der Konkurrenz des Marktes aushebeln. Manche gesellschaftliche Formen der Kooperation konkurrieren mit grundlegenden Normen der Gleichbehandlung. So unterlaufen z. B. informelle politische Freundeskreise in Parteien die im Parteiengesetz und den Statuten festgelegten Regeln demokratischer Meinungsbildung in den dafür vorgesehenen Gremien. Parteimitglieder, die einer dieser informellen Gruppierungen nicht angehören, können ihre Meinung dann nicht in der gleichen Weise zur Geltung bringen. Die überaus engen Kooperationsbeziehungen innerhalb von Familien in Südeuropa führen oft in Form des Nepotismus zu Ungleichbehandlung und Intransparenz bei öffentlichen Entscheidungen. Allerdings kann man auch Regeln wie die der Gleichbehandlung und der Gerechtigkeit, ja auch der Beachtung individueller Rechte als Lösung umfassender Kooperationsprobleme betrachten, so dass in Fällen dieser Art nicht kooperative mit anderen Handlungsgründen konkurrieren würden, sondern unterschiedliche Formen der Kooperation. Auch wenn ich nicht – wie viele moderne Ethiker – meine, dass das Gesamt moralischer Handlungsgründe auf die Kooperationsproblematik reduziert werden kann, so bin ich doch davon überzeugt, dass bei genauerer Analyse ein Großteil dieser im konventionellen Sinne moralischen Gründe als Lösungen von Kooperationsproblemen interpretiert werden kann. Dies muss hier aber nicht näher begründet werden. Es genügt, festzuhalten, dass Kooperation nicht unter allen Bedingungen ein guter Handlungsgrund ist. Das gesellschaftliche Zusammenleben hängt jedoch davon ab, dass kooperative Handlungsgründe ein Gutteil unseres Verhaltens prägen. Jemand, der aus einem kooperativen Handlungsgrund heraus handelt, verzichtet auf individuelle Optimierung, um seinen Beitrag zu einer kollektiven Handlung zu leisten, die im Vergleich zu derjenigen kollektiven Handlung, die sich aus je individuell optimierendem Verhalten ergeben würde, im allgemeinen Interesse ist. »Allgemein« bezieht sich auf die an der Kooperation (potentiell) Beteiligten. Wenn diese Kooperation negative externe Effekte hat, d. h. nicht an der Kooperation beteiligte Personen schädigt, ergeben sich daraus Gründe, die gegen diese Kooperation sprechen.

Die Absicht, die eigene Handlung so zu wählen, dass

sie sich in eine kooperative Interaktionsstruktur einbettet, kann wohl begründet sein. Eine Theorie praktischer Rationalität darf Absichten solcher Art nicht von vornherein als irrational ausschließen.[27] Kooperativ zu handeln, kann irrational sein, d. h., es kann Bedingungen geben, unter denen die Abwägung guter Gründe gegen die Wahl der kooperativen Handlung spricht. In vielen Fällen aber sprechen überwiegende Gründe für die Wahl der kooperativen Handlung. Wenn dies der Fall ist und wenn die Erwartung rational ist, dass auch die anderen kooperationsbereit sind (d. h. kooperieren, wenn sie erwarten, dass die anderen kooperieren), dann ist der Übergang von der Befürwortung einer kooperativen kollektiven Handlung zur Wahl der individuellen kooperativen Handlung geradezu paradigmatisch für die Konzeption struktureller Rationalität. Wenn eine Person eine Handlungsstruktur mit guten Gründen befürwortet, dann ist *eo ipso* auch ihre individuelle Handlung, die Teil dieser befürworteten Struktur ist, rational. Unsere lebensweltlichen normativen Argumente und unsere Alltagspraxis stützen die Grundintuition struktureller Rationalität: *Gründe für eine generelle (besser: strukturelle) Handlungsweise sind ipso facto zugleich auch Gründe für diejenige singuläre (besser: punktuelle) Handlung, die dieser Handlungsweise entspricht.* Zu den strukturellen Handlungen zählen auch kollektive Handlungen, also Handlungen, die im Zusammenwirken

27 Wie es z. B. die *rational choice*-Theorie in ihrer konsequentialistischen Standardinterpretation tut. Zur Diskussion dieser Problematik vgl. den ersten Teil des von mir herausgegebenen Bandes *Praktische Rationalität. Grundlagenprobleme und ethische Anwendungen des rational choice-Paradigmas*, Berlin / New York 1994.

mehrerer Personen vollzogen werden. Was darunter zu verstehen ist, dass eine punktuelle Handlung einer strukturellen entspricht, lässt sich abstrakt schwer präzisieren. Es klärt sich in konkreten Beispielen, wie z. B. kooperativen Interaktionssituationen.

Wenn eine Interaktionssituation hinreichend symmetrisch ist, die Situation der Interaktionsbeteiligten sich also in moralischer Hinsicht nicht wesentlich unterscheidet, so kommen auch nur symmetrische interpersonelle Handlungsstrukturen als Ergebnis wohl begründeter individueller Entscheidungen in Betracht. Wenn externe Effekte nicht dagegen sprechen, ist allseitige Kooperation allseitiger Defektion, d. h. allseitiger Optimierung individueller Interessen, vorzuziehen. Der Vorzug der Kooperation ergibt sich dabei ausschließlich im Hinblick auf die individuellen Präferenzen der an der Interaktion Beteiligten. Darüber hinausgehende moralische Gründe müssen dazu nicht ins Spiel gebracht werden. Die konsequentialistische Standardkonzeption praktischer Rationalität ist jedoch außerstande, den Übergang von der übereinstimmenden individuellen Präferenz zugunsten einer kooperativen Handlungsstruktur auf die Rationalität derjenigen individuellen Handlungen zu übertragen, die diese kooperative Handlungsstruktur erst konstituieren. Die Differenz zwischen konsequentialistischer und struktureller Handlungsrationalität wird daher am Beispiel der Kooperation besonders deutlich.

Die lebensweltliche Moralität beruht auf einer Vielfalt von expliziten und impliziten Handlungsregeln. Die meisten dieser Regeln erzeugen eine spezifische Form der Kooperationsproblematik, unabhängig davon, ob sie selbst als Lösung eines Kooperationsproblems interpretiert werden können. Jede etablierte Regel stellt nämlich den einzelnen Akteur vor die Frage, ob er in genereller Konformität zu dieser Regel handeln soll oder nicht. Angenommen, der Akteur befürwortet die allgemeine Befolgung der jeweiligen Regel aus moralischen Gründen, z. B. befürwortet er die Regel, unschuldig in Not Geratenen zu helfen. Genauer: Er befürwortet, dass in der Gesellschaft alle oder jedenfalls die meisten Personen, die mit einer Situation konfrontiert werden, in der jemand unverschuldet in Not geraten ist, hilfsbereit reagieren. Nehmen wir nun an, dass jedes Mitglied der betreffenden Gesellschaft die Geltung dieser Regel befürwortet. Alle sprechen sich damit implizit für eine bestimmte, sagen wir »humane« Verfassung ihrer Gesellschaft aus. Die individuelle Konformität mit dieser Regel wird allerdings nicht ausschlaggebend dafür sein, ob die Gesellschaft in diesem Sinne human verfasst ist oder nicht. Für jede einzelne Person gilt also, dass der für sie ausschlaggebende moralische Grund konsequentialistisch gesehen nicht auf ihre eigenen Handlungen durchschlägt. Sie wünscht sich eine Gesellschaft, in der ein bestimmtes Maß an Konformität mit dieser Regel der Hilfsbereitschaft praktiziert wird, kann aber durch ihre eigenen Handlungen weder sicherstellen, dass dieses Maß an Konformität besteht, noch bewirken, dass dieses Maß an Konformität unterschritten wird. Von einem konsequentialistischen Standpunkt aus gesehen, erscheint das eigene Handeln hinsichtlich dieser Regel moralisch indifferent zu sein. Bei einer strukturellen Betrachtung löst sich dieses Paradox: Die guten moralischen Gründe, die für eine allgemeine Konformität mit der Regel der Hilfsbereitschaft sprechen, sind *eo ipso* zugleich auch gute Gründe für die individuelle und singuläre Konformität mit dieser Regel.

Auch hinsichtlich moralischer Präferenzen kann also eine Kooperationsproblematik bestehen: Jede einzelne Person wünscht, dass sich alle (oder möglichst viele) an die Regel der Hilfsbereitschaft halten. Jede einzelne Person weiß, dass ihre individuelle Konformität für das Maß an Humanität in dieser Gesellschaft nur eine vernachlässigbare Rolle spielt. Die Optimierung eigener Präferenzen würde daher dazu führen, dass die von allen gewünschte humane Verfassung der Gesellschaft nicht realisiert wird. In strukureller Betrachtung dagegen verhält sich die einzelne Person mit der Regel der Hilfsbereitschaft konform, weil sie eine humane Verfasstheit ihrer Gesellschaft wünscht und weil sie ihre eigene Handlung als Teil der dazu erforderlichen interpersonellen Handlungsstruktur ansieht.

Auch wenn die Regel, unverschuldet in Not Geratenen zu helfen, selbst nicht als Lösung eines Kooperationsproblems interpretiert wird, so schafft die Frage der sozialen Geltung dieser Regel dennoch ein Kooperationsproblem. Entsprechend bestehen für diejenigen (moralischen) Regeln, die als Lösung eines Kooperationsproblems interpretiert werden können, zwei unterschiedliche Kooperationsprobleme: dasjenige, für welches die betreffende Regel eine Lösung darstellt, und dasjenige, welches durch die Frage der Konformität entsteht. Die Regel kann als Lösung einer Kooperationsproblematik dann gelten, wenn ihre allgemeine Befolgung eine interpersonelle Handlungsstruktur garantiert, die von allen gegenüber derjenigen vorgezogen wird, die sich aus je individuell optimierendem Verhalten ergibt.

Die Unterscheidung dieser beiden Kooperationsprobleme ist zu einem vollständigen Verständnis wesentlich, obwohl ihre Lösung die gleiche ist, nämlich vollständige Regelkonformität. Die soziale Geltung einer beliebigen normativen Regel wirft ein Kooperationsproblem auf. Nicht alle normativen Regeln sind jedoch selbst als Lösung eines Kooperationsproblems rekonstruierbar. Die Interaktion zwischen Hilfesuchendem und Hilfeleister ist kein Fall von Kooperation. Hinsichtlich der Regelbefolgung, oder man kann auch sagen, hinsichtlich der sozialen Geltung der betreffenden Norm, besteht jedoch ein Kooperationsverhältnis unter den potentiell Hilfeleistenden. Der moralische Gehalt der Norm ist nicht über Kooperation bestimmt. Die soziale Geltung jedoch sehr wohl. Die Bestimmung des moralisch Gebotenen ist das eine, die Befolgung des als moralisch Bestimmten ist das andere. Konformität bezüglich moralischer Regeln verlangt strukturell rationales Handeln, das die notwendige Kooperation hinsichtlich der moralischen Präferenzen sicherstellt.

Wenn das Moralische selbst über Kooperation bestimmt wird, so fällt es schwerer, diese zwei Ebenen – die der Konstitution des Moralischen und die der praktischen Konformität – auseinander zu halten. Nehmen wir an, die Bewohner einer Altstadt sind allesamt zur Auffassung gelangt, es wäre besser, wenn niemand mit seinem Privat-Pkw in die verwinkelten Gassen führe. Alle bevorzugen also einen Zustand, in dem die Altstadt frei von Privatverkehr ist. Alle haben die Möglichkeit, ihr Auto auf einem der Parkplätze am Rande der Altstadt abzustellen und den Weg bis zu ihrer Wohnung zu Fuß zu gehen. Es gibt jedoch bisher kein Verbot, in die

Altstadt einzufahren. Wenn über ein solches Verbot abgestimmt würde, erhielte es die ungeteilte Zustimmung der Altstadtbewohner. Unter diesen Präferenzen ist die Bestimmung des Gemeinwohls hinsichtlich dieser Frage und bezogen auf die Bewohner der Altstadt eindeutig: Es ist im allgemeinen Interesse, die Altstadt von Privatverkehr freizuhalten (»allgemein« bezieht sich hier lediglich auf die Altstadtbewohner). Wenn Interessen Dritter nicht tangiert sind, so ist damit zugleich ein guter Grund für die normative Regel »Fahre mit deinem Privatfahrzeug nicht in die Altstadt« gegeben. Diese Norm ist gegenüber jedem Altstadtbewohner begründbar. Die je individuelle Optimierung eigener Interessen würde jedoch dazu führen, dass weiterhin Privatfahrzeuge in die Altstadt fahren. Die Gesamtsituation ändert sich durch die Einzelentscheidung, mit dem Pkw in die Altstadt zu fahren, nur marginal. Der Gewinn an Bequemlichkeit für den Einzelnen ist jedoch beträchtlich und gleicht diese marginale Veränderung aus der Perspektive des Einzelnen bei weitem aus. Die Interaktionsstruktur hat also den Charakter einer Kooperationsproblematik, wie oben charakterisiert. Wer nicht in die Altstadt fährt, entscheidet sich für die kooperative Handlung, wer in die Altstadt fährt, optimiert seine je individuellen Interessen. Die allgemeine Optimierung der je individuellen Interessen führt zu einem Zustand, der für jeden Altstadtbewohner schlechter ist als derjenige, der bei allgemeiner Kooperation erreichbar gewesen wäre. Die Kooperation bezieht sich dabei auf die persönlichen Interessen und die diese repräsentierenden individuellen Präferenzen.

Hinsichtlich der (nach Annahme übereinstimmenden)

moralischen Präferenzen der Altstadtbewohner, die die möglichst vollständige Konformität mit der Regel, mit dem Privatfahrzeug nicht in die Altstadt zu fahren, beinhalten, ergibt sich ein zweites Kooperationsproblem: Die Person, die sich an diese Regel hält, wählt die bezüglich der moralischen Präferenzen kooperative Handlung, die, die sich nicht daran hält, entscheidet sich bezüglich dieser moralischen Präferenzen unkooperativ. Die moralisch kooperative Person entscheidet sich, ihren Teil dazu beizutragen, dass das gemeinsame moralische Ziel erreicht wird. Sie tut dies unabhängig davon, ob ihr je individueller Beitrag hinsichtlich der moralischen Präferenzen eine Verbesserung der Situation bedeutet. Die Entscheidung, nicht in die Altstadt zu fahren, ist wohl begründet, weil die korrespondierende allgemeine Handlungsweise wohl begründet ist. In der Tat gilt eine Person nach unserem lebensweltlichen moralischen Verständnis als irrational, wenn sie Gründe für eine bestimmte allgemeine Verhaltensweise anführt, ohne aber selbst ihren Teil dazu beizutragen. Man würde dies als eine Diskrepanz zwischen normativen Überzeugungen und tatsächlich eigenem Handeln interpretieren. Natürlich ist es nicht ausgeschlossen, dass die Person überzeugende Gründe angeben kann, die die *prima facie*-Irrationalität einer solchen Diskrepanz beheben.

Eine Person jedenfalls, die ihr Auto in der Garage lässt, weil sie eine allgemeine Verhaltensweise dieser Art befürwortet, kann rational sein. Damit diese Person rational handelt, ist es keineswegs erforderlich, aufzuzeigen, dass die Gründe, die für die allgemeine Handlungsweise sprechen (Sicherung der Lebensqualität in der Stadt), auch für die singuläre individuelle Handlung sprechen. In der Regel ist es jedenfalls nicht der konkrete kausale Beitrag der singulären individuellen Entscheidung für die städtische Lebensqualität, das Auto dieses Mal in der Garage zu lassen, die eine Person dazu motiviert, sondern die begründete Befürwortung der damit korrespondierenden allgemeinen Handlungsweise. Man kann darüber streiten, ob es möglich ist, dass die je singuläre individuelle Handlung keinen, aber die durch singuläre individuelle Handlungen dieses Typs konstituierte kollektive Handlungsweise (oder Handlungsstruktur) sehr wohl einen Beitrag zur Verbesserung der Lebensqualität liefert.[28] Diskussionen dieser Art sind aber insofern im schlechten Sinne akademisch, als sie die tatsächliche Motivlage der Handelnden nicht angemessen erfassen und insbesondere die intrinsische Rationalität der Einbettungsrelation im Sinne der Konzeption struktureller Rationalität nicht berücksichtigen.

Konsequentialistische Theorien, die beanspruchen, ohne eine solche Einbettungsrelation auskommen zu können, stehen in einem tiefen Konflikt mit lebensweltlichen Handlungsgründen. Die Diskussion um das so genannte Gefangenendilemma kann als eindrucksvolles Menetekel dieses Defizits konsequentialistischer Theorien gelten. Kooperation ist etwas Alltägliches. Kooperative Handlungsgründe bestimmen ein Gutteil unseres Verhaltens. Eine Theorie, die (genuine) Kooperation als irrational ausschließt, kann nicht adäquat sein. Aber auch Theorien, die nur über komplizierte Umwege – wie Theorien der Dispositionen[29], evolutionäre Stabilität

28 Vgl. Julian Nida-Rümelin, *Kritik des Konsequentialismus*, München 1993, ²1995, §§ 30–36.
29 David Gauthier, *Morals by Agreement*, Oxford 1986.

oder Iteration[30] – Kooperation erklären können oder als rational zulassen, übersehen ein zentrales Merkmal praktischer Rationalität, nämlich die Begründung punktueller Absichten durch strukturelle. Wer Gründe angibt für eine allgemeine Handlungsweise, gibt damit zugleich Gründe für die betreffende singuläre Handlung an, die diese Handlungsweise realisiert (bzw. realisieren würde, vorausgesetzt, die anderen verhalten sich wie erwartet ebenfalls kooperativ). Die umfassende strukturelle Intention ist auf eine kollektive Handlungsweise gerichtet, die punktuelle auf die singuläre individuelle Handlung. In eine vertraute Sprache übersetzt: »Ich habe die Absicht, meinen Beitrag zu leisten, damit wir uns in dieser Weise verhalten. Ich tue *h*, weil *h* mein Beitrag dazu ist.«

30 Robert Axelrod, *The Evolution of Cooperation*, New York 1984.

6
Kommunikation

Kommunikative Rationalität ist eine Sonderform struktureller Rationalität. Diese These möchte ich in fünf Schritten plausibel machen:

(1) Intentionen verleihen sprachlichen Entitäten ihre Bedeutung.
(2) Sprache ist eine kooperative Institution. Sie beruht auf Kooperation und ermöglicht Kooperation.
(3) Die spezifische Form der sprachlichen Kooperation beruht auf bestimmten kommunikativen Grundnormen.
(4) Da diese kommunikativen Grundnormen nicht – wie in der intentionalistischen Semantik angenommen – konventionell (also Lösungen reiner Koordinationssituationen), sondern kooperationssichernd (also Lösungen von Kooperationssituationen) sind, ist die Entgegensetzung kommunikativer und strategischer Rationalität gerechtfertigt, gerade dann, wenn man der intentionalistischen Semantik zugesteht, sprachliche Bedeutung unter Rekurs auf mentale Zustände besser explizieren zu können als ihre behavioristischen Konkurrenten.
(5) Das hohe Maß an Konformität des Sprachverhaltens mit den kommunikativen Grundnormen ist Ausdruck strukturell rationalen Handelns.

Ad (1) Intentionen verleihen sprachlichen Entitäten (und anderen, nicht-sprachlichen Signalen) ihre Bedeutung.

Ohne Intentionen keine Bedeutung. Wenn Bienen nicht über Intentionen verfügen, jedenfalls nicht über solche hinreichender Komplexität, dann ist die Rede von einer »Bienensprache« metaphorisch. Auf-und-ab-Fliegen in einem bestimmten Winkel *bedeutet* dann nicht »In dieser Richtung ist Futter«, sondern *verursacht* lediglich bei anderen Bienen ein entsprechendes, im Hinblick auf die Futtersuche erfolgreiches Verhalten. Sollte die auf-und-ab-fliegende Biene jedoch die Absicht verfolgen, die beobachtende Biene davon in Kenntnis zu setzen, dass in der betreffenden Richtung Futter zu finden ist, und sollte die beobachtende Biene diese Absicht aufgrund des Auf-und-ab-Fliegens der auf-und-ab-fliegenden Biene zuschreiben, was sie unter günstigen Bedingungen (Urteilssicherheit und Wahrhaftigkeit der auf-und-ab-fliegenden Biene und Vertrauen in ihre Urteilssicherheit und Wahrhaftigkeit seitens der beobachtenden Biene) zu der zutreffenden Überzeugung bringt, dass in der angebenen Richtung Futter zu finden ist, dann hatte das Auf-und-ab-Fliegen die *Bedeutung*, die Richtung anzuzeigen, in der Futter zu finden ist. Diese Bedeutung hat die betreffende Bewegung (wir können auch sagen das »Signal« oder »Zeichen«) unabhängig davon, ob es eine *Konvention* unter Bienen gibt, die diesem Zeichen gerade diese Bedeutung zuordnet. Man muss nicht die spezifische Grice'sche[31] Fassung überneh-

31 H. Paul Grice, »Meaning«, in: *The Philosophical Review* 66 (1957), und H. P. G., »Utterer's Meaning and Intentions«, in: *The Philosophical Review* 78 (1969).

men, nach der ein Sprecher mit einer Äußerung *meint, dass p*, wenn er mit der Äußerung die Absicht verfolgt, den Hörer dadurch zu dem Glauben, dass *p* zu bringen, damit der Hörer erkennt, dass der Sprecher die Äußerung in gerade dieser Absicht getan hat, um Intentionen als bedeutungskonstituierend anzusehen. Die Vielfalt der situationsspezifischen Intentionen ist groß, da es zahlreiche unterschiedliche Typen von Sprachhandlungen gibt. Eine einheitliche Charakterisierung erscheint daher – zumindest *prima facie* – als ein hoffnungsloses Unterfangen. Unbeschadet dieser Schwierigkeit ist es plausibel, anzunehmen, dass die *allgemeine (konventionelle) Bedeutung* eines Zeichens davon abhängt, dass Sprecher, die dieses Zeichen benutzen, in der Regel die betreffenden *situationsspezifischen Intentionen* haben – wie immer diese jeweils zu charakterisieren sind.

Ad (2) Sprache ist eine kooperative Institution. Sie beruht auf Kooperation und ermöglicht Kooperation.

Wenn eine Person einer anderen gegenüber etwas äußert, so tut sie das in der Regel nicht grundlos, d. h., sie kann eine Antwort auf die Frage geben, warum sie die entsprechende Äußerung getan hat. Unterschiedliche Typen von (illokutionären) Sprechakten[32] markieren ein Spektrum möglicher Antworten: Sie wollte damit informieren, warnen, befehlen etc. Was genau ihre Intention war, lässt sich mit Hilfe der Äußerung näher charakterisieren. Die die betreffende Äußerung leitende Intention wird damit jedoch nicht zu etwas Sprachlichem. Auch

32 Vgl. John L. Austin, *How to do things with Words*, Oxford 1962, ²1975; dt. *Zur Theorie der Sprechakte*, Stuttgart 1972, ²1979.

Wesen ohne Sprachvermögen haben Überzeugungen und verfolgen Absichten. Sprachliche Bedeutung lässt sich auf Nichtsprachliches – Überzeugungen, Vermutungen, Absichten, Wünsche etc. – zurückführen: Eine Äußerung hat eine (Situations-)Bedeutung, wenn sie dazu dient, in konkreten Situationen Absichten der Sprecher dadurch zu realisieren, dass diese von den Hörern aufgrund der Äußerung erkannt werden. Sie hat eine allgemeine (»konventionelle«) Bedeutung, wenn sie regelmäßig in Situationen eines bestimmten Typs dazu dient, Absichten eines bestimmten Typs dadurch zu realisieren, dass diese von den Hörern aufgrund der Äußerung erkannt werden. (Konkrete, auf Einzelsituationen bezogene) Kommunikation hat ein logisches Primat gegenüber (konventioneller) Bedeutung: Ich verstehe nicht, was die (konventionelle) Bedeutung einer sprachlichen Entität ist, wenn ich nicht verstanden habe, was (konkrete, auf Einzelsituationen bezogene) Kommunikation ist.

Es gibt ein gemeinsames Interesse an Kommunikation: Jede Person zieht es vor, in einer Gesellschaft zu leben, deren Mitglieder miteinander kommunizieren können. Nicht jede einzelne Kommunikation ist deswegen erwünscht, und selbst, wenn die jeweilige Kommunikation erwünscht ist, kann ihr Inhalt im Gegensatz zu den Präferenzen des Hörers stehen. Divergierende Interessen bezüglich einzelner Kommunikationen ändern jedoch nichts an dem gemeinsamen Interesse an Kommunikation generell. Die Sprache ist eine kooperative Institution. Sie ist eine *Institution*, da sie auf gemeinsam akzeptierten (normativen) Regeln (kommunikativen Grundnormen) beruht, und sie ist eine *kooperative* Institution, da sie ein hohes Maß an Konformität mit ihren konstitutiven Regeln erfordert, das durch individuelle punktuelle Optimierung nicht zu erreichen wäre. Punktuell optimierende Akteure (sei ihre Optimierung nun im jeweils eigenen Interesse oder bezogen auf andere Werte) würden in zu vielen Fällen konstitutive Regeln nicht befolgen und damit schließlich geregelte Kommunikation unmöglich machen.

Ad (3) Die spezifische Form der sprachlichen Kooperation beruht auf bestimmten kommunikativen Grundnormen.

Wenn wir zunächst informative Äußerungen betrachten, so liegt es auf der Hand, dass erfolgreiche Kommunikation davon abhängt, dass die Sprecher wahrhaftig sind, d. h. nur solche Behauptungen aufstellen, von deren Richtigkeit sie überzeugt sind: »Behaupte nur dann etwas, wenn du selbst davon überzeugt bist.« Wenn Mitglieder einer Sprachgemeinschaft mit dieser Regel der *Wahrhaftigkeit* dysform[33] sind und dies den Hörern bekannt ist, haben ihre Behauptungen keinen Informationswert mehr, d. h., die Hörer solcher Behauptungen werden diesen mißtrauen.

Von der kommunikativen Grundnorm der Wahrhaftigkeit ist die kommunikative Grundnorm der *Verlässlichkeit* zu unterscheiden. Mitglieder einer Sprachgemeinschaft sollten nur solche Behauptungen aufstellen, für die sie gute Gründe haben. Diese zweite kommunikative Grundnorm ist deswegen keine Variante der ersten, weil es zahlreiche Menschen gibt, die dazu neigen, sich grundlos Überzeugungen zu Eigen zu machen. Die

33 Ich verwende im Folgenden den Terminus »dysform« für »nicht konform«.

kommunikative Grundnorm der Wahrhaftigkeit sichert eine Übereinstimmung der Behauptungen und der subjektiven Überzeugungen. Diese Übereinstimmung ist jedoch für gelungene informative Kommunikation unzureichend. Diese bezieht sich ja nicht nur auf die subjektiven Glaubenszustände der Mitglieder einer Sprachgemeinschaft, sondern auch auf die »äußere objektive Welt«. Da diese unmittelbar nicht zugänglich ist, wir jedoch hoffen können, dass Überzeugungen eine größere Chance haben, wahr zu sein, wenn sie gut begründet sind, reicht Wahrhaftigkeit nicht aus.

Die kommunikative Grundnorm der Verlässlichkeit verlangt keine philosophische Askese der Meinungsbildung: »Habe eine Überzeugung nur dann, wenn du sie begründen kannst«, sondern eine Askese des Äußerungsverhaltens: »Behaupte nur dann etwas, wenn du für diese Behauptung gute Gründe hast.« Diese Norm verpflichtet niemand zur Verschwiegenheit. Man könnte sie – um das klarzustellen – folgendermaßen ergänzen: »Wenn du für eine Überzeugung keine guten Gründe hast, kannst du diese zwar als deine Überzeugung mitteilen, verbinde damit aber keinen Wahrheitsanspruch. Formuliere unbegründete Überzeugungen nicht als Behauptungen über die Welt, sondern erkennbar als Mitteilungen deines subjektiven Zustandes.« Gute Gründe sind dabei epistemische Gründe, also Gründe, etwas für wahr zu halten. Schließlich gibt es gelegentlich nichtepistemische, praktische Gründe, etwas zu behaupten, auch wenn man davon überzeugt ist, dass die Behauptung nicht der Wahrheit entspricht. Die kommunikative Grundnorm der Verlässlichkeit kann man auch als ein Prinzip der Verantwortung gegenüber den anderen Mitgliedern der Sprachgemeinschaft verstehen. Ich beeinflusse mit meinen Behauptungen deren Meinungsbildung, und ich habe die Verpflichtung, zu einer Meinungsbildung beizutragen, die möglichst weitgehend mit den Tatsachen übereinstimmt.[34]

Diese letzte Bemerkung verweist auf eine philosophische Problematik, die sich für den von mir vertretenen Ansatz in besonderer Schärfe stellt, da eine saubere Dichotomie *epistemischer* (oder theoretischer), von Wahrheitssuche zeugender Gründe einerseits und praktischer, auf die persönlichen Neigungen und Ziele der betreffenden Person im gegebenen Zeitpunkt zurückgehender *praktischer* Gründe andererseits in der Konzeption struktureller Rationalität nicht möglich ist (s. Kap. 1 und 4). Auch praktische Gründe sind Ausdruck (normativer) Überzeugungen. Im Falle eines besonderen Typs von Sprachhandlungen (etwas behaupten) sind beide Arten von Überzeugungen (normative und deskriptive) und ihre jeweiligen leitenden Gründe einschlägig. Die Inte-

34 Mit diesen Formulierungen wird eine weitere Differenz zur intentionalistischen Semantik angedeutet: Die Absicht des Sprechers, deren Erkenntnis dazu führt, dass der Hörer die Absicht des Sprechers erfüllt, ist eine unzureichende Charakterisierung jedenfalls von informativen Kommunikationsprozessen. Wir halten uns an die Regeln der Wahrhaftigkeit und der Verlässlichkeit, unabhängig von den jeweiligen subjektiven Absichten. Selbst wenn ich mir wünsche, dass eine Person ihre falschen Ansichten beibehält, orientiere ich mich an der Regel, wahrhaftig zu sein. Befragt, sage ich, was ich für richtig und (epistemisch) wohl begründet halte, auch wenn ich die vermeintlich konstitutive Absicht gar nicht verfolge, meinen Hörer dadurch zu überzeugen, dass er diese meine (hier gar nicht gegebene) Absicht, ihn davon zu überzeugen, erkennt. Die Regel der Wahrhaftigkeit wird dadurch nicht zu einem externen ethischen Prinzip, sondern bleibt für Kommunikation konstitutiv.

gration dieser beiden Typen von Überzeugungen und Gründen lässt sich nicht punktuell, sondern nur im Rahmen einer umfassenden Kommunikationsethik herstellen. In letzter Instanz ist die Abwägung normativer Gründe ausschlaggebend für eine Sprachhandlung. Die Rolle der Kommunikation für das soziale Kooperationsgefüge insgesamt und die Gefahr, dass informative Kommunikationshandlungen wegen unzureichender Konformität mit den genannten Grundnormen unmöglich gemacht werden, sind dabei zu berücksichtigen und werden den Normen der Wahrhaftigkeit und der Verlässlichkeit in der Regel im Einzelfall einen ethischen Vorrang vor anderen normativen Aspekten geben.

Mit der kommunikativen Grundnorm der Verlässlichkeit wird das Vorliegen (epistemischer) Gründe zum normativen Kriterium. Dagegen könnte eingewandt werden, dass diese ja nicht direkt zugänglich sind, dass diese Grundnorm also subjektiviert zu formulieren sei: »Behaupte nur etwas, wenn du *glaubst*, dafür gute Gründe zu haben.« Diese Regel wäre jedoch zu schwach. Gründe nehmen immer auf die Überzeugungen der Person, die diese Gründe hat, Bezug. Nur von Gründen geleitete Überzeugungen zu äußern, verlangt also nichts Übermenschliches. (Epistemische) Gründe sind relativ zum jeweiligen System der (deskriptiven) Überzeugungen und Vermutungen. Eine weitere Abschwächung dieser kommunikativen Grundnorm würde die Leichtgläubigen unnötig bevorzugen. Schließlich verlangen die kommunikativen Grundnormen nicht Wahrheit, sondern nur begründete Wahrhaftigkeit.

Eine Person kann wahrhaftig sein, ohne verlässlich zu sein. Die Umkehrung gilt unter folgender Annahme nicht: Eine Person kann nicht verlässlich sein, ohne wahrhaftig zu sein, wenn wir annehmen, dass eine Person ihre Überzeugungen durch Gründe leiten lässt, d. h. sich eine Überzeugung zu Eigen macht, wenn sie dafür gute Gründe hat (Gegenbeispiele dazu gibt es). Es ist möglich, dass eine Person ihre Überzeugungen durch Gründe leiten lässt, obwohl sie sich Überzeugungen zu Eigen macht, für die sie keine Gründe hat. Für Personen, die sich alle und nur solche Überzeugungen zu Eigen machen, für die sie gute Gründe haben, verlangt die kommunikative Grundnorm der Verlässlichkeit das gleiche Sprachverhalten wie die kommunikative Grundnorm der Wahrhaftigkeit. Für solche Personen genügt die kommunikative Grundnorm der Wahrhaftigkeit. Da Personen dieser Art jedoch empirisch selten sind, genügt die kommunikative Grundnorm der Wahrhaftigkeit in der Regel nicht, die kommunikative Grundnorm der Verlässlichkeit muss zusätzlich postuliert werden. Wegen der Möglichkeit der oben genannten anomalen Überzeugungsbildung ist es sinnvoll, beide kommunikativen Grundnormen beizubehalten, obwohl Konformität mit der kommunikativen Grundnorm der Verlässlichkeit in den meisten Fällen Konformität mit der kommunikativen Grundnorm der Wahrhaftigkeit impliziert.

Die dritte kommunikative Grundnorm ist gegenüber den ersten beiden derivativ. Rationale Personen, die Grund zu der Annahme haben, dass sich die Mitglieder der eigenen Sprachgemeinschaft in hohem Maße konform mit den beiden kommunikativen Grundnormen der Wahrhaftigkeit und der Verlässlichkeit verhalten, haben Vertrauen in die Richtigkeit der Behauptungen. Vertrauen in die Behauptungen anderer Mitglieder der Sprachgemeinschaft zu haben, heißt ihnen Wahrhaftigkeit und Verlässlichkeit zu unterstellen. Das asymmetrische Verhältnis wird dadurch deutlich, dass die kommunikative Grundnorm des Vertrauens keinen normativen Status hat, wenn Konformität mit den kommunikativen Grundnormen der Wahrhaftigkeit und der Verlässlichkeit unterstellt werden kann. Es ist im eigenen punktuellen Interesse, Vertrauen in die Behauptungen einer Person zu haben, die wahrhaftig und verlässlich ist.

Hier stellt sich die Frage, ob über diese drei genannten kommunikativen Grundnormen hinaus weitere Normen für eine Sprache, im Sinne eines Systems der Kommunikation, *konstitutiv* sind. Jedenfalls liegt es, wenn die obige Argumentation in die richtige Richtung weist, auf der Hand, dass auch kommunikatives Handeln im schwachen Sinne von Habermas[35], also Verständigung auf Tatsachen und so genannte Akteur-bezogene (»aktorrelative«[36]) praktische Gründe, die keine allgemeine Geltung beanspruchen, nur auf einer starken normativen Basis möglich ist. Die intentionalistische Semantik und die Diskursethik scheinen mir in der Verortung des Normativen der Kommunikation einen verwandten Irrtum zu enthalten. Es ist nicht erst die Bezugnahme auf intersubjektiv geteilte Wertorientierungen, die die Sprache zu einer kooperativen Institution macht, welche ihrerseits die entsprechenden normativen Bindungen voraussetzt. Dennoch ist die Kritik an einer bloßen »strate-

35 Vgl. Jürgen Habermas, *Wahrheit und Rechtfertigung*, Frankfurt a. M. 1999, Kap. 2.

36 In diesem Essay sind wir davon ausgegangen, dass es diese im strengen Sinne nicht geben kann.

gischen Rationalität« im Sinne der intentionalistischen Semantik aus Gründen, die oben dargelegt wurden, überzeugend. Es handelt sich bei jeder Form von Kommunikation eben nicht um bloße, konventionell geregelte Koordinationen von Interessen, sondern um Interaktionen, deren Legitimität und Effektivität ohne einen normativen, die kooperative Institution der Sprache stützenden normativen Rahmen nicht möglich wären.

Die kooperative Institution der Sprache verlangt Konformität mit den genannten kommunikativen Grundnormen und darüber hinaus Konformität mit den spezifischen Sprachkonventionen, die den Einsatz der jeweiligen sprachlichen Mittel zur Verständigung erfolgreich macht. Die notwendige hohe Konformität mit diesen spezifischeren Regeln des Sprachgebrauchs, die in der Sprechakttheorie näher charakterisiert sind, kann ihrerseits als eine Konsequenz der Konformität mit den genannten kommunikativen Grundnormen angesehen werden, so dass eine zusätzliche normative Basis nicht nötig erscheint (das ist unabhängig davon, ob es sich bei den einzelnen Sprechakten um Illokutionen oder um Perlokutionen handelt). Dass die sprachlichen Mittel nicht nur zu kommunikativen Zwecken, sondern auch »strategisch« eingesetzt werden können, liegt auf der Hand. Dieser strategische Einsatz sprachlicher Mittel ist jedoch immer parasitär, er kann nur erfolgreich sein, solange eine hinreichende Konformität mit den kommunikativen Grundnormen besteht, die den kooperativen Charakter der Institution Sprache tragen.

Die Diskursethik hat die Geltung weiterer, über die genannten Grundnormen hinausgehender Regeln als notwendige Bedingungen von Diskursen (d. h. einer

Kommunikation, die der Aufklärung und der Verständigung dient) behauptet und damit – jedenfalls in der von Karl-Otto Apel[37] vertretenen Version – einen fundamentalen Begründungsanspruch für eine spezifische ethische Theorie erhoben. Wenn man von ihren problematischen metaphysischen Prämissen und ihrer einseitigen ethischen Orientierung am *homo disputans* absieht, sind die diskursethischen Regeln lediglich diejenigen Normen, die das Kooperationsgefüge einer Sprache (im Sinne eines Systems der Kommunikation) stützen. Eine hohe Konformität des Sprachverhaltens mit dem Gesamt diskursethischer Regeln ist zwar keine transzendentale Bedingung der Kommunikation, aber ein wichtiger Bestandteil einer umfassenden normativen Ethik, die auch sprachliche Interaktionen gemäß bestimmten Kriterien einschließt. Die diskursethischen Regeln bilden jedoch für sich genommen kein ausreichendes Fundament einer Theorie normativer Ethik, sie sind nicht letztbegründet und sie haben lediglich einen flankierenden Charakter gegenüber den genannten drei kommunikativen Grundnormen. In der schwachen Habermas'schen Variante[38] lässt sich die Diskursethik durch folgenden Grundsatz charakterisieren: Normen können nur dann Geltung beanspruchen, wenn sie die Zustimmung aller Betroffenen als Teilnehmer eines praktischen Diskurses finden (oder finden könnten). Unter der Voraussetzung, dass der Diskurs weder personal (jeder kann teilnehmen) noch

37 Karl-Otto Apel, *Transformation der Philosophie*, Bd. 2: *Das Apriori der Kommunikationsgemeinschaft*, Frankfurt a. M. 1976, ²1993.

38 Vgl. Jürgen Habermas, »Diskursethik. Notizen zu einem Begründungsprogramm«, in: J. H., *Moralbewusstsein und kommunikatives Handeln*, Frankfurt a. M. 1983.

inhaltlich (jede Behauptung kann aufgestellt oder in Frage gestellt werden) beschränkt ist, wird eine Norm in einem praktischen Diskurs nur dann Zustimmung finden, »wenn die Folgen und Nebenwirkungen, die sich aus ihrer *allgemeinen* Befolgung für die Befriedigung der Interessen jeder einzelnen Person ergeben, von allen zwanglos akzeptiert werden können«.[39]

Hier stellt sich allerdings die Frage, was es heißt, dass eine Norm von einer Person akzeptiert werden kann. Pareto-ineffiziente Normen, also solche, die eine Person schlechter stellen, die – ohne eine andere Person zu benachteiligen – besser gestellt werden könnte, hätten keine Chance auf allgemeine Zustimmung. Unter den Pareto-effizienten Normen gibt es jedoch gerechtere und ungerechtere. Die Diskursethik bietet kein Kriterium, Gerechtigkeitsfragen zu klären. Der Interessengegensatz lässt sich nur durch inhaltliche ethische Maßstäbe und nicht durch Rekurs auf die Individualinteressen und die Bereitschaft, diese in einen zwanglosen Diskurs einzuführen, lösen. Kooperation im Sinne struktureller Rationalität verlangt nach einem normativen Standpunkt, der über die Sicherung der Kommunikationsvoraussetzungen hinausgeht.

Vernünftige Menschen wünschen sich allerdings, in einer sozialen Welt zu leben, in der die diskursethischen Regeln in Geltung sind, d. h. soziale Anerkennung erfahren. Strukturell rationale Akteure werden sich daher auch punktuell an diese halten (selbst in Situationen, in denen diese Konformität den eigenen Optimierungsinteressen zuwiderläuft), wenn sie erwarten, dass die ande-

39 Ebd., S. 103.

ren Mitglieder der Sprachgemeinschaft sich ihrerseits in großer Zahl und je individuell in hohem Maße konform mit den diskursethischen Regeln verhalten. Die Diskursethik ist eine Spezialisierung struktureller Rationalität. In einer Gesellschaft strukturell rationaler Akteure haben die Regeln der Diskursethik soziale Geltung.

Ad (4) Da die kommunikativen Grundnormen der Wahrhaftigkeit, der Verlässlichkeit und des Vertrauens nicht – wie in der intentionalistischen Semantik angenommen – konventionell (also Lösungen reiner Koordinationssituationen), sondern kooperationssichernd (also Lösungen von Kooperationssituationen) sind, ist die Entgegensetzung kommunikativer und strategischer Rationalität gerechtfertigt, gerade dann, wenn man der intentionalistischen Semantik zugesteht, sprachliche Bedeutung unter Rekurs auf mentale Zustände besser explizieren zu können als ihre behavioristischen Konkurrenten.

Mit welchen sprachlichen (und sonstigen) Mitteln wir uns verständigen, ist in hohem Maße konventionell: Wir könnten uns auch mit anderen sprachlichen (und sonstigen) Mitteln verständigen, und wir halten uns an bestimmte (einmal etablierte) Kommunikationsregeln, weil es besser ist, sich mit diesen (wenn auch möglicherweise nicht optimalen) Mitteln zu verständigen, als mangels gemeinsam akzeptierter Kommunikationsregeln Kommunikation zu erschweren oder sogar im Einzelfall unmöglich zu machen.

Eine Konvention *K* lässt sich durch folgende Bedingungen charakterisieren:[40]

40 Vgl. David Lewis, *Convention: A Philosophical Study*, Cambridge 1969; dt. *Konventionen. Eine sprachphilosophische Abhandlung*, Berlin / New York 1975.

(1) Jede Person aus der Sprachgemeinschaft hält sich an *K*.
(2) Jede Person glaubt, dass (1).
(3) Jede Person hat wegen (2) einen guten Grund, sich an *K* zu halten.
(4) Wenn sich fast alle an *K* halten, möchte jede Person, dass sich alle an *K* halten.
(5) Es gibt Alternativen zu *K*: Es gibt mindestens eine weitere mögliche Konvention *K*, für die (3) und (4) ebenfalls zutreffen würden.

In diesem Sinne ist ein Gutteil der Regeln, die unser Sprachverhalten anleiten, konventionell, d. h. durch Konventionen gesteuert. Davon zu unterscheiden sind kommunikative Grundnormen, wie die der Wahrhaftigkeit, des Vertrauens und der Verlässlichkeit, die man nicht als Konventionen, sondern als Lösungen von verallgemeinerten (iterierten) Kooperationssituationen ansehen sollte. Darüber hinaus stellt sich – zumindest für einzelne Typen von Sprechakten – die Frage, in welchem Umfang die allgemeine Konformität mit Sprachkonventionen (genauer: mit den für den jeweiligen Sprechakt konstitutiven Regeln) nicht selbst einer *normativen* Erklärung bedarf.

Die klassischen Texte zur intentionalistischen Semantik von Grice, Lewis, Bennett und anderen beinhalten an zentraler Stelle der Argumentation einen Fehlschluss, der analog zu dem vom Regel- zum Handlungsutilitarismus ist: Wenn die allgemeine Befolgung einer Regel die Nutzensumme maximiert, dann folgt daraus nicht, dass jede konkrete Befolgung der Regel im Einzelfall die Nutzensumme maximiert. Analog: Wenn es ein allgemeines Interesse, d.h. ein Interesse jedes einzelnen Mitglieds der Sprachgemeinschaft an Kommunikation gibt, und wenn Kommunikation die allgemeine Befolgung bestimmter Regeln erforderlich macht, dann folgt daraus nicht, dass jedes einzelne Mitglied in jeder Situation ein Interesse an der Befolgung dieser Regeln hat. Vielmehr gibt es ein vertrautes – und in der Ethik viel diskutiertes – Phänomen, das man unfreundlich als »parasitäres Verhalten« (oder »Trittbrettfahrer-Verhalten«) bezeichnen kann, d.h. ein Verhalten, das nicht im Einklang mit den betreffenden Regeln steht, aber für die einzelne Person gerade dann besonders vorteilhaft ist, wenn sich die anderen weiterhin an die betreffenden Regeln halten. Typischerweise profitiert bei Regeln, die Lösungen von Kooperationssituationen sind, diejenige Person, die sich weniger konform als die anderen Beteiligten verhält. Je punktuell optimierendes Verhalten würde eine Spirale der Dysformität in Gang setzen, die letztlich die Grundlagen der Kommunikation zerstört. Kommunikative Rationalität ist kooperativ, die kommunikativ rationale Person hält sich auch dann (punktuell) an die konstitutiven Regeln der Kommunikation, wenn es (punktuell) nicht im eigenen Interesse ist.

Die oben angeführte, an David Lewis orientierte Definition der »Konvention« ist in fataler Weise unscharf, da sie den Unterschied zwischen bloßer Koordination und Kooperation verwischt und damit den Unterschied zwischen bloß konventionellen Regeln, die, einmal etabliert, zu allgemeiner Konformität aller im je eigenen Interesse führen, und Kooperationsregeln, die nur dann Bestand haben, wenn nicht das je eigene punktuelle Optimierungsinteresse, sondern strukturelle Rationalität Leitschnur des (kommunikativen) Handelns ist. Die Bedingungen (3) und (4) der oben gegebenen Definition von »Konvention« sind für Kooperationsregeln (und generell strukturelle Rationalität sichernde Regeln) dann nicht gültig, wenn man einen praktischen Grund in der verbreiteten und in Kapitel 2 kritisierten Weise als Ausdruck eines augenblicklichen und eigenorientierten Wunsches versteht Die Person hat in diesem Verständnis gerade dann ein besonderes Interesse, im Einzelfall sich nicht an die betreffende Regel zu halten, wenn sie erwarten kann, dass sich die anderen daran halten. Der unwahrscheinliche Sonderfall, dass ihre punktuelle Dysformität in jedem Einzelfall allgemeine Dysformität und damit den Verfall der kommunikationssichernden Regeln nach sich zieht (oder jedenfalls merklich wahrscheinlicher macht), ist ausgenommen.[41] Die Präferenz für punktuelle Dysformität ist unabhängig davon, ob und in welchem Umfang sich die anderen Beteiligten konform verhalten. Bei einem geringen Maß an Konformität kann man jedoch nicht mehr von etablierten Kommunikationsregeln sprechen.[42]

Rationale Akteure können die Mittel ihrer Verständigung nur dann erfolgreich einsetzen, wenn sie sich auf

41 Dieses Phänomen ist allenfalls für kleine, »überschaubare« Sprachgemeinschaften vorstellbar, in denen jedes Mitglied einer umfassenden sozialen Kontrolle ausgesetzt ist und schon bei punktueller Abweichung mit ebenfalls abweichendem Verhalten bei den anderen Mitgliedern der Sprachgemeinschaft rechnen muss.

42 Wie aus dem vorausgegangenen Kapitel hervorgeht, setzt dieses Argument nicht voraus, dass es etwa in jedem Einzelfall oder auch nur in der Mehrzahl der Fälle punktuell optimierend wäre, sich dysform zu verhalten. Es genügt, dass je punktuelle Optimierung ein geringeres Maß an Konformität zur Folge hätte, als für eine gut funktionierende Kommunikation notwendig ist.

gemeinsame Regeln und das mit diesen Regeln verbundene gemeinsame Wissen stützen können.[43] Eine naive *rational choice*-Konzeption nach dem Muster punktueller Optimierung könnte das erforderliche hohe Maß an Regelkonformitäten nicht plausibel machen. Punktuelle Optimierung ist erst innerhalb der Einschränkungen möglich, die von den kommunikationskonstitutiven Regeln auferlegt werden. Verständigungsorientiertes oder kommunikatives Handeln und (punktuell) optimierendes (strategisches) Handeln gehen in der konkreten Einzelhandlung eine Verbindung ein. Handlungen, die von einem Vorgang der Verständigung abhängen, sind gebunden durch diejenigen Regeln, die das System der Kommunikation tragen. Die entsprechende Regelkonformität ist in vielen Fällen durch unser erlerntes Sprachverhalten so weit »automatisiert«, dass es uns lediglich nicht bewusst wird. Die Handlungswahlen finden innerhalb der Einschränkungen statt, die die kommunikationskonstitutiven Regeln auferlegen. Gegenüber diesen Regeln ist jedoch auch ein parasitäres Verhalten möglich, das die Regelkonformität der anderen Kommunikationsbeteiligten nutzt, um selbst von diesen Regeln abzuweichen, wenn

43 Intentionalistische Semantik und Diskursethik haben eine wesentliche Gemeinsamkeit: Im Gegensatz zur dominierenden behavioristischen Tendenz der Philosophie des 20. Jahrhunderts führen sie sprachliche Phänomene auf Bewusstseinszustände (Intentionen und Einstellungen) zurück, was man als eine Rehabilitation von Einsichten der philosophischen Tradition des Idealismus ansehen kann. Die intentionalistische Semantik stützt sich dabei auf ein Rationalitätskonzept, das im englischen Sprachraum weitgehend akzeptiert ist und in der modernen Entscheidungs- und Spieltheorie eine eigene wissenschaftliche Disziplin ausgebildet hat. Die Opposition im Hinblick auf das angemessene Rationalitätskonzept verdeckt diese fundamentale Gemeinsamkeit.

sich damit andere verfolgte Ziele erreichen lassen. Ohne ein hohes Maß an Konformität mit den kommunikativen Grundnormen der Wahrhaftigkeit, der Verlässlichkeit und des Vertrauens würde eine Sprachgemeinschaft keinen Bestand haben.

7
Strukturelle Intentionen

Es gibt zwei grundlegende propositionale Einstellungen von Personen: *epistemische* und *konative*. Eine *propositionale Einstellung* ist eine Einstellung oder Haltung einer Proposition gegenüber.

Wenn ich erwarte, dass morgen die Sonne scheint, dann habe ich eine bestimmte *epistemische* Einstellung der Proposition gegenüber, dass morgen die Sonne scheint. Die Proposition ist »morgen scheint die Sonne« und meine epistemische Einstellung zu dieser Proposition ist die der Erwartung, oder: meine subjektive Wahrscheinlichkeit dafür, dass diese Proposition zutrifft, ist nahe oder gleich 100 % (oder 1). Epistemische Einstellungen beziehen sich in Form von (deskriptiven) Überzeugungen, Erwartungen, Vermutungen, Gewissheiten, Hypothesen etc. darauf, was der Fall ist, war oder sein wird. Wenn die epistemischen Einstellungen einer Person kohärent sind, lassen sie sich in Gestalt einer Funktion subjektiver Wahrscheinlichkeiten darstellen.

Wenn ich mir wünsche, dass morgen die Sonne scheint, dann habe ich eine bestimmte *konative* Einstellung der Proposition gegenüber, dass morgen die Sonne scheint. Die Proposition ist »morgen scheint die Sonne« und die konative Einstellung zu dieser Proposition ist die des Wunsches. Konative Einstellungen beziehen sich in Form von Wünschen, Hoffnungen, Absichten etc. darauf, was der Fall ist, war oder sein wird. Wenn die konativen Einstellungen einer Person kohärent sind, lassen sie sich in Gestalt einer Funktion subjektiver Wünschbarkeiten darstellen.

Einstellungen können sich mit der Zeit ändern, aber sie haben einen *dispositionellen* Charakter: Sie äußern sich in entsprechenden Urteilen und Handlungen, wenn jeweils bestimmte Bedingungen erfüllt sind. Der epistemische Zustand einer Person stellt insofern eine Abstraktion dar: Gemeint ist das Gesamt der epistemischen Einstellungen der betreffenden Person zu einem bestimmten Zeitpunkt. Da die epistemischen Einstellungen einer Person nicht isoliert stehen, sondern in komplexer Weise vernetzt sind, konkrete Wahrnehmungsurteile ebenso wie Theorien und Hintergrundannahmen umfassen, kann man auch von einem epistemischen System sprechen. Gleiches gilt für propositionale Einstellungen. Da die beiden Grundtypen propositionaler Einstellungen im Hinblick auf ihre Äußerungsformen (Urteile und Handlungen) miteinander vernetzt sind, handelt es sich eigentlich um ein nicht in zwei separate Teile zerlegbares System epistemischer und konativer propositionaler Einstellungen.

Änderungen propositionaler Einstellungen einer rationalen Person erfolgen nicht willkürlich, sondern begründet. Das gilt sowohl für epistemische wie für konative Einstellungen. Die Rationalität einer Person äußert sich letztlich in den Strukturen – einschließlich der temporalen Strukturen, d. h. der Dynamik – ihrer epistemischen und konativen Einstellungen.

Handlungen sind durch Intentionen unterschiedlicher Art geprägt. Ohne Intentionalität keine Handlung. Man kann dabei drei Grundtypen von Intentionen, unabhängig von ihren jeweiligen Inhalten, unterscheiden:

(a) *handlungsbegleitende Intentionen* als diejenigen Intentionen, die für die Handlung konstitutiv sind (Handlung als ein kontrolliertes Verhalten), (b) Intentionen, die der Handlung vorausgehen und die durch die Handlung selbst erfüllt werden (*Entscheidungen*), und (c) Intentionen, die die Wahl einer Handlung motivieren (*motivierende Intentionen*) und die nicht durch die Handlung selbst, sondern erst z. B. durch ihre Folgen erfüllt werden. Motivierende Intentionen müssen aber nicht durch die Handlungsfolgen erfüllt werden, auch die Einbettung der Handlung in größere strukturelle Zusammenhänge kann motivierende Intentionen erfüllen. In diesem Kapitel soll die intentionale Seite struktureller Rationalität beleuchtet werden.

Intentionen sind eine besondere Art konativer Einstellungen. Sie lassen sich als diejenigen konativen Einstellungen charakterisieren, die einen engen Handlungsbezug aufweisen. Sie sind nicht einfach gegeben, sondern Ergebnis einer Abwägung theoretischer und praktischer Gründe. Sie sind eingebettet in das System epistemischer und konativer Einstellungen insgesamt.

Wenn man die im Grunde unzulässige Trennung für den Zweck der weiteren Argumentation einmal als möglich annimmt, dann gilt: Ein wesentlicher Teil des epistemischen Zustandes einer rationalen Person ist Ergebnis der Abwägung (theoretischer) Gründe. Ein wesentlicher Teil des konativen Zustandes einer rationalen Person ist Ergebnis der Abwägung (praktischer) Gründe. Der Abwägung (theoretischer) Gründe entzogen sind z. B. Überzeugungen, die eine direkte (kausale) Folge von Wahrnehmungen sind. Die Existenz solcher Überzeugungen kann man einräumen, ohne das im Ganzen kohärentistische Verständnis aufzugeben, denn diese sind zu marginal, um die gesamte Begründungslast unserer Überzeugungen zu tragen. In ähnlicher Weise sind Neigungen der Abwägung (praktischer) Gründe entzogen. Manche (deskriptiven) Überzeugungen sind in hohem Maße von Theorien abhängig, z. B. Überzeugungen, die die Anzahl der Sterne im Universum betreffen oder die Ursachen, die dafür verantwortlich sind, dass uns der Himmel blau erscheint. Unsere lebensweltlichen (deskriptiven) Überzeugungen sind weitgehend unabhängig von theoretischen Annahmen. Über lebensweltliche Tatsachen können wir uns verständigen, ohne uns darüber einig zu sein, welche (wissenschaftlichen) Theorien zutreffen. Wir können uns mit Menschen lebensweltlich verständigen, die kein wissenschaftliches Theoriewissen mitbringen. Die unser Handeln lebensweltlich prägenden konativen Einstellungen sind weitgehend unabhängig von ethischen Theorien. Wir können uns über Gründe und Gegengründe verständigen, ohne uns über ethische Theorien einig zu sein, und Menschen können unser Handeln kritisieren, die keinerlei Kenntnisse von ethischen Theorien haben.

Nicht nur epistemische, sondern auch konative Zustände sind von Gründen geprägt. Nicht jede (deskriptive) Überzeugung und nicht jede konative Einstellung sind in der gleichen Weise einer Begründung fähig und bedürftig. Es gibt mehr oder weniger fundamentale Überzeugungen bzw. konative Einstellungen, die den Ausgangspunkt theoretischer und praktischer Begründungsketten bilden. In der Regel stellt sich bezüglich solcher Elemente unseres epistemischen und konativen Systems nicht die Frage nach einer näheren Begründung, da diese interpersonell weitgehend homogen und daher unstrittig sind. Konative Einstellungen und praktische Gründe sind ebenso eng verknüpft wie epistemische Überzeugungen und theoretische Gründe. So, wie sich manche unserer Überzeugungen näherer Begründung und begründeter Kritisierbarkeit entziehen, so entziehen sich einige unserer konativen Einstellungen der Begründbarkeit und Kritisierbarkeit mit Hilfe praktischer Gründe.

Handlungen sind nicht kausale Folgen konativer Einstellungen, moderiert durch deskriptive Überzeugungen. Handlungen sind das Ergebnis einer Stellungnahme, die theoretische und praktische Gründe integriert. Da Handlungen Ergebnis einer Stellungnahme sind, können sie nicht kausal aufgrund des epistemischen und konativen Zustandes festgelegt sein. Dennoch enthüllt oder repräsentiert jede Handlung Elemente des jeweiligen epistemischen und konativen Zustandes. Diese Enthüllung ist jedoch keine der schlichten Repräsentation. Handlungen legen die mentalen Zustände der Handelnden nicht offen. Der privilegierte Zugang der handelnden Person zu ihren eigenen mentalen Zuständen bleibt erhalten. Die Sprachphilosophie des logischen Behaviorismus führt insofern in die Irre. Eine Handlung ist rational nicht lediglich als Mittel der Realisierung von Vorgegebenem (deskriptiven Überzeugungen) und von Arationalem (konativen Einstellungen). Die Rationalität einer Handlung ist Ausdruck der Rationalität des epistemischen wie des konativen Zustandes selbst.

Um eine deskriptive Überzeugung zu begründen, rekurrieren wir auf deskriptive Überzeugungen, die nicht in Frage stehen, und Verbindungen zwischen Überzeugungen, die nicht in Frage stehen (angenommene Regularitäten, Gesetze, Theorien). Theoretische Gründe nehmen explizit auf andere, gewiss erscheinende Propositionen Bezug – meist auch explizit auf theoretische (wenn auch nicht zwingend wissenschaftliche) Annahmen, die diese gewissen Propositionen mit den ungewissen verbinden; dies geschieht jedoch immer unter Einbeziehung eines nicht überschaubaren Korpus an Hintergrundannahmen, zu denen allgemeine deskriptive Annahmen, etwa über die Raum- und Zeitstruktur, ebenso gehören wie Verfahren der Theoriebildung, begriffliche Voraussetzungen, Schlussregeln etc.[44]

Völlig analog ist die Situation im Bereich praktischer Gründe. Die Begründung einer konativen Einstellung rekurriert auf unstrittige konative Einstellungen und auf Verbindungen (Regularitäten, normative Regeln, normative Theorien), die unstrittige Elemente unseres konativen Systems miteinander verbinden und zusätzlich Verbindungslinien zu strittigen Elementen herzustellen erlauben. Praktische Gründe kann man formal als die Auszeichnung derjenigen Elemente konativer Einstellungen ansehen, die dafür verantwortlich sind, dass diese konativen Einstellungen für eine rationale Person handlungsleitend sind. Dabei wird von einem gewaltigen Korpus impliziter Hintergrundannahmen Gebrauch gemacht, die z. B. bestimmte Invarianzannahmen (etwa Fairnessbedingungen), Relevanzkriterien, Verfahren der normativen Theoriebildung, Regeln der deontischen Logik, aber auch normative Grundprinzipien umfassen.

44 Vgl. Ludwig Wittgensteins Bemerkungen »Über Gewissheit«.

Die Rationalität einer deskriptiven Überzeugung hängt von ihrer Einbettung in die Struktur des epistemischen Systems ab. Die Rationalität einer konativen Einstellung hängt von ihrer Einbettung in die Struktur des konativen Systems ab. Im Falle deskriptiver Überzeugungen hat die Wissenschaftsphilosophie die unterschiedlichen Einbettungsrelationen genauer untersucht. Manche Begründungen haben eine im Wesentlichen deduktive Struktur, andere sind induktiv; die in der Wissenschaft wohl wichtigsten sind jedoch reduktiv (oder abduktiv) – bisweilen als »Schluss auf die beste Erklärung«[45] bezeichnet. Diese unterschiedlichen Argumentationsformen repräsentieren verschiedene Weisen der Einbettung, sie stehen nicht in Konkurrenz zueinander, sondern bilden das Gerüst einer im Ganzen kohärentistisch operierenden Form der Begründung in der Lebenswelt und in der Wissenschaft.[46]

Praktische Begründungen unterscheiden sich von theoretischen zwar im Hinblick darauf, was begründet wird, aber nicht in der Form der Begründung. Auch in praktischen Begründungen spielen deduktive, induktive und reduktive Argumente eine Rolle. So, wie es punktuelle und strukturelle deskriptive Überzeugungen gibt, solche, die sich auf singuläre Sachverhalte beziehen, und solche, die sich auf Regularitäten und Gesetzmäßigkeiten beziehen, so gibt es punktuelle und strukturelle normative Urteile. Unsere deskriptiven Urteile lassen sich idealiter in einer kohärenten Wahrscheinlichkeitsfunk-

45 Vgl. Thomas Bartelborth, *Begründungsstrategien*, Berlin 1996.
46 Auf diese Thematik bin ich ausführlicher eingegangen in »Normatives Orientierungswissen«, in: Julian Nida-Rümelin, *Ethische Essays*, Frankfurt a. M. 2001.

tion repräsentieren. Unsere normativen Urteile lassen sich idealiter in einer kohärenten Wünschbarkeitsfunktion repräsentieren. Die Entscheidungstheorie steht daher nicht in Konkurrenz zu einer differenzierten Analyse epistemischer und konativer Einstellungen, sondern ist lediglich eine Methode der elementaren Kohärenzprüfung und der zusammenfassenden (reduzierten) Repräsentation konativer und epistemischer Einstellungen. Die Repräsentation von epistemischen und konativen Einstellungen durch Wahrscheinlichkeits- und Wünschbarkeitsfunktionen ist in der Entscheidungstheorie unauflöslich miteinander verknüpft. Diese unauflösliche Verknüpfung hat eine natürliche Interpretation in der vernetzten Struktur konativer und epistemischer Einstellungen. In diesem Kapitel interessiert uns nur ein besonderer Aspekt, nämlich der der Begründung durch Einbettung innerhalb intentionaler Strukturen.

Beginnen wir mit einem besonders harmlosen Beispiel. Ich sitze in einem Restaurant und von allen dort angebotenen Speisen sagt mir ein Teller Spaghetti Marinara am meisten zu. Der Wunsch, jetzt gleich Spaghetti Marinara zu essen, ist durch die Erwartung motiviert, bestimmte angenehme Empfindungen zu haben, insbesondere wenn kombiniert mit dem hier angebotenen offenen Weißwein des Hauses. Diese Erwartung einer angenehmen Empfindung ist ein guter Grund, den Wunsch (die konative Einstellung) auszuprägen, jetzt einen Teller Spaghetti Marinara zu essen. Dies ist ein *prima facie* guter Grund, der selbstverständlich durch entgegenstehende Gründe, z. B. den Eindruck beim Vorbeigehen, dass die Küche verdreckt ist oder die Spaghetti nur aufgewärmt werden, außer Kraft gesetzt werden kann. Das heißt, in der Abwägung würden diese Gründe ein größeres Gewicht haben, so dass der ursprüngliche Wunsch, jetzt einen Teller Spaghetti Marinara zu essen, keinen Bestand haben würde. Der in Frage stehende Wunsch lässt sich durch eigene Handlungen wie bestellen etc. voraussichtlich erfüllen. Er ist das Resultat der Abwägung von (*prima facie*-)Handlungsgründen. Wenn ich nun beim Ober eine entsprechende Bestellung aufgebe, dann ist diese Handlung durch die Absicht motiviert, die spätere Handlung, den Teller Spaghetti Marinara zu essen, ausführen zu können. Um die Bestellung aufzugeben, muss ich eine ganze Reihe anderer Handlungen vollziehen (möglicherweise zunächst den Ober überhaupt auf mich aufmerksam machen, bestimmte Worte äußern, mich umdrehen etc.). Alle diese Handlungen tue ich nicht um ihrer selbst willen, sondern um meine Bestellung aufzugeben; und ich gebe diese Bestellung nicht um ihrer selbst willen auf, sondern um dann den betreffenden Teller Spaghetti zu essen. Diese »um zu«-Relationen sind Relationen zwischen Handlungsabsichten (Intentionen).

Wenn ich die Absicht habe, eine bestimmte Handlung h auszuführen, und ich der (deskriptiven) Überzeugung bin, dass die Ausführung von h die Handlungen $h_1,\ldots,h_n$ erforderlich macht, dann bildet sich eine Gesamtabsicht (strukturelle Intention) aus, die diese gesamte Folge $<h_1,\ldots,h_n,h>$ umfasst. In diesem Fall wäre $h_1,\ldots,h_n$ eine Folge jeweils instrumentell im Hinblick auf h gewählter Handlungen; h ist beabsichtigt, und $h_1,\ldots,h_n$ sind nur im Hinblick auf h beabsichtigt.

Auch wenn es mehr als einen Weg gibt, um h zu vollziehen, ist der Wunsch, h zu tun (unter bestimmten Bedingungen), eine Begründung für einen »Weg« H bzw. $<h_1,\ldots,h_n>$. Wer an einer optimierenden Konzeption praktischer Rationalität festzuhalten versucht, kann diese Eigenschaft unserer lebensweltlichen praktischen Begründungen in folgender Weise interpretieren: Da uns nur eine begrenzte Zeit zur Abwägung der alternativen Optionen (Wege) zur Verfügung steht, macht es keinen Sinn (würde zusätzliche Kosten verursachen), hier eine weitere Abwägung der spezifischen Wahl von H im Vergleich zu anderen offen stehenden Wegen zu fordern, um h zu realisieren. Mangels ausreichender Information ist die Person demnach zwischen den unterschiedlichen Optionen, die ihr – wenigstens teilweise – in der Regel bewusst sind, indifferent; daher ist die Tatsache, dass einer dieser Wege H zu h führt, ausreichend, um H zu begründen. Es steht jedoch auch eine Konzeption offen, die nicht auf eine Form der Optimierung zurückgreift. Demnach ist der begründete Wunsch nach h eine gute Begründung von H, auch dann, wenn andere Wege H', H''... offen stehen. Erst wenn es *prima facie*-Gründe gegen H gibt, die z. B. darin bestehen können, dass ein anderer Weg offensichtliche Vorteile aufweist, müsste für H ein zusätzliches Element der Begründung existieren, d. h. eines, das darüber hinausgeht, dass H ein Weg zu h ist. Buridans Esel verhungert, weil er, indifferent zwischen zwei Heuhaufen, keinen Grund findet, sich einem von ihnen zuzuwenden. Der Optimierer wählt bei Indifferenz zwar eine der optimalen Handlungen, ohne jedoch einen Grund dafür angeben zu können. Der strukturell Rationale kann einen guten Grund für sein Handeln angeben.

Unser lebensweltliches Verständnis von praktischer

Rationalität fordert Kohärenz unserer konativen Einstellungen, und das heißt im Falle von aufeinander bezogenen Intentionen, dass diese bestimmte Erfordernisse erfüllen. Unser lebensweltliches Verständnis praktischer Rationalität verlangt nicht nach Optimierung. Mit »lebensweltlichem Verständnis« meine ich dabei keine Theorie, sondern die in unserer Lebenswelt etablierte Praxis, mit Handlungsgründen umzugehen.

Handlungsabsichten werden durch Handlungen erfüllt, die eine unterschiedliche zeitliche und personelle Ausdehnung haben. Die Handlungsabsicht, morgen mit dem Rauchen aufzuhören, erstreckt sich über den gesamten restlichen Zeitraum meines Lebens. Die Handlungsabsicht, zusammen mit drei weiteren Personen ein Klavier in ein anderes Zimmer zu tragen, wird durch eine Handlung erfüllt, die sich auf vier Personen und einen vergleichsweise kurzen Zeitraum erstreckt. Die Erfüllung einer Absicht durch eine Handlung ist nicht vollständig in der Kontrolle der handelnden Person. Zwischen Entscheidung und Handlung können verhindernde Umstände treten, und bei Handlungsabsichten, die durch Mehr-Personen-Handlungen erfüllt werden, besteht eine Abhängigkeit von den Entscheidungen der anderen Beteiligten. Wir können von umfassenderen und weniger umfassenden Absichten sprechen, insofern sie durch mehr oder weniger ausgedehnte Handlungen erfüllt werden.

Interessanter als der temporale und personelle Aspekt der Ausdehnung einer Handlung ist ihre Zerlegung in Unter-Handlungen. Die wenigsten Handlungen sind Atomhandlungen in dem Sinne, dass sie sich nicht mehr in weitere Handlungen zerlegen lassen. Entsprechend sind die Eigenschaften »punktuell« und »strukturell« relativ (und graduell): Eine Handlung *h* ist gegenüber einer anderen Handlung *H* punktuell, insofern *H* dadurch vollzogen wird, dass *h* und weitere Handlungen *h'*, *h"* vollzogen werden. Um die Handlung zu vollziehen, einen Teller Spaghetti Marinara zu bestellen, müssen eine Vielzahl von Einzelhandlungen vollzogen werden. Diese Einzelhandlungen $h_1,h_2,\ldots,h_n$ sind gegenüber der Handlung, einen Teller Spaghetti Marinara zu bestellen, *H*, punktuell. Vielleicht ist das Heben des Fingers, um den Ober auf sich aufmerksam zu machen, eine atomare Handlung, d. h., unter normalen Bedingungen wird diese Handlung nicht vollzogen, indem andere, punktuellere Handlungen vollzogen werden. Die Rede von einem Repertoire von Atomhandlungen halte ich jedoch für irreführend. Ob eine Handlung eine Atomhandlung ist, hängt vom Kontext und insbesondere vom intentionalen Zustand der handelnden Person ab. Handlungen werden in letzter Instanz durch Intentionen (Handlungsabsichten) individuiert.

Wenn *H* dadurch vollzogen wird, dass $h_1,h_2,\ldots,h_n$ vollzogen werden, dann sind $h_1,h_2,\ldots,h_n$ zugleich mit der Begründung von *H* begründet. Wenn ich einen Teller Spaghetti Marinara bestellen möchte und dies dadurch tun kann, dass ich eine Folge von Handlungen wie »mich auf dem Stuhl umdrehen«, »den Finger heben«, »bestimmte Sätze äußern«, »auf Nachfragen nicken« etc. vollziehe, dann ist jede punktuelle Handlung in dieser Kette von Handlungen dadurch begründet, dass die Handlung des Bestellens begründet ist (durch meinen Wunsch, einen Teller Spaghetti Marinara zu essen). Die Handlung des Bestellens ist strukturell gegenüber den

Einzelhandlungen, mit denen diese Handlung vollzogen wird. Meine strukturelle Handlungsabsicht begründet meine punktuellen Handlungsabsichten. Dem werden im Beispiel des Bestellens eines Tellers Spaghetti Marinara die meisten zustimmen. Immer dann, wenn der Vollzug der strukturellen Handlung hinreichend »nah« am Vollzug der punktuellen Handlungen liegt, wird dieser Begründungszusammenhang zwischen strukturellen und punktuellen Intentionen für geradezu trivial gehalten. Sobald der Abstand größer wird, gerät diese Trivialität jedoch in Konflikt mit bestimmten, insbesondere konsequentialistisch geprägten Rationalitätsvorstellungen.

Meine punktuelle Handlung, mich am Hinaustragen des Klaviers zu beteiligen, ist durch die strukturelle Handlung, das gemeinsame (vier Personen) Hinaustragen des Klaviers, begründet. Das heißt, wenn es gute Gründe für diese strukturelle Intention gibt, dann besteht *ipso facto* ein guter Grund, mich an dieser Aktivität zu beteiligen. Damit soll nicht ausgeschlossen werden, dass eine Person diese strukturelle Intention hat, zugleich aber Gründe findet, ihre Beteiligung wieder in Frage zu stellen. Es handelt sich dann um einen praktischen Konflikt, um einen Konflikt von entgegenstehenden *prima facie*-Gründen. So könnte die Person z. B. zu der Einschätzung kommen, dass ihre Weigerung, sich an dieser Aktivität zu beteiligen, dazu führen wird, dass sich eine andere Person findet, das gewünschte Ergebnis (Klavier im anderen Zimmer) also ohne eigene körperliche Anstrengung erreicht werden könnte. Wenn in der Abwägung dieser Grund dominiert, dann besteht die strukturelle Intention, zusammen mit drei anderen das Klavier in das andere Zimmer zu tragen, eben nicht mehr, und damit kann die punktuelle Aktivität der eigenen Beteiligung auch nicht mehr unter Bezug auf diese strukturelle Intention begründet werden.[47]

Die Begründungsrelationen verlaufen nicht ausschließlich von »oben« nach »unten«, d. h. von strukturellen zu punktuellen. Es ist ein unverzichtbarer Bestandteil der Abwägung von Handlungsgründen, umfassende Intentionen auf die Ebene punktueller Handlungen und ihrer Wünschbarkeit herunterzubrechen und diese in die Gesamtabwägung mit einzubeziehen. Jemand, der die Absicht hat, mit dem Rauchen aufzuhören, muss die Entbehrungen berücksichtigen, die der jeweils punktuelle Verzicht, insbesondere zu Beginn der Realisierung dieser strukturellen Intention, mit sich bringt. Erst wenn die strukturelle Intention stabil gegenüber Informationen zur Wünschbarkeit punktueller Handlungen ist, die diese strukturelle Intention (punktuell) realisieren, hat die Person kohärente Intentionen und ist in dieser Hinsicht rational. Ganz irrelevant ist dabei, ob die Handlung punktuell betrachtet optimal ist, d. h. im Falle, dass die Handlung ausschließlich über ihre Konsequenzen für das Wohlbefinden der Person (hedonistisches Kalkül) beurteilt wird, die Frage, ob der Erwartungswert des zeitlichen Integrals meines Wohlbefindens von dieser Handlung optimiert wird. Analog

47 Einen wesentlichen Beitrag zur Analyse von strukturellen Intentionen dieser Art hat Raimo Tuomela über die Jahre geleistet, vgl. *A Theory of Social Action*, Dordrecht 1984, *The Importance of Us*, Stanford 1995, und zahlreiche Artikel zu dieser Thematik. Tuomela entwickelt in diesem Zusammenhang jedoch keine Rationalitätstheorie.

lässt sich dieses Argument für andere – nicht konsequentialistische und nicht hedonistische – Beurteilungsmaßstäbe von Handlungen formulieren.

Die Bildung rationaler Handlungsabsichten lässt sich nicht verstehen, wenn das Phänomen der Ausprägung punktueller Handlungsabsichten im Hinblick auf strukturelle nicht berücksichtigt wird. Nun sind verschiedene Wege denkbar, wie eine Theorie praktischer Rationalität die Berücksichtigung dieses Phänomens umgehen kann. Eine bestünde in dem Versuch, die jeweiligen strukturellen Absichten so zu interpretieren, dass sie die punktuellen (logisch) implizieren. Die strukturelle Absicht, morgen mit dem Rauchen aufzuhören, impliziert die punktuelle, morgen nicht zu rauchen oder (noch punktueller) sich nach dem Frühstück nicht die erste Zigarette anzuzünden. Eine leichte Modifikation der Charakterisierung der strukturellen Intention verbaut diesen Lösungsweg: Die strukturelle Intention sei, möglichst bald mit dem Rauchen aufzuhören. Das vielen Rauchern, die einmal versucht haben, mit dem Rauchen aufzuhören, bekannte Argument, es sei ja eigentlich irrelevant, ob man heute oder morgen mit dem Rauchen aufhört (nach 20 Jahren Raucherpraxis), entfaltet dann seine ganze Kraft. Und in der Tat mag mein Gesundheitszustand in fünf Jahren sich in nichts unterscheiden, wenn ich einen Tag länger geraucht habe. Da das eigentliche Ziel meiner strukturellen Intention, möglichst früh mit dem Rauchen aufzuhören, aber das ist, in fünf Jahren wieder alle Merkmale einer Person, die nie geraucht hat, zu haben – wie ärztliche Studien behaupten –, wäre dieses Argument sogar zutreffend. Dieses Argument 1825 mal angewandt, wird allerdings dazu führen, dass mein Gesundheitszustand von heute an gerechnet in fünf Jahren der einer Person entspricht, die 25 Jahre lang geraucht hat. Will man diese Entkräftung wasserdicht machen, könnte man auf Präferenz- bzw. Wahrnehmungsschwellen in der Analyse zurückgreifen. Wenn die punktuelle Handlungseinheit dergestalt ist, dass sie im Hinblick auf die für die Ausprägung der strukturellen Intention relevanten Konsequenzen nur Effekte unterhalb der Wahrnehmungsschwelle hat, so gibt es keine Möglichkeit, die Motivation für die strukturelle Intention auf die unterste Ebene der punktuellen zu übertragen. Eine punktuell optimierende Person würde den gesamten Komplex ihrer – wie wir annehmen wollen wohl begründeten – strukturellen Absichten unterlaufen, d. h. je punktuell so handeln, dass keine ihrer strukturellen Handlungsabsichten – außer zufällig – erfüllt würde.

Aber auch dann, wenn sich ein Maß der Handlungsbewertung angeben lässt, für das punktuelle und strukturelle Rationalität nicht auseinander klaffen, wäre die Problematik keineswegs aus der Welt. Eine Theorie praktischer Vernunft versucht, die Handlungsmotivationen einer idealen (rationalen) Person zu bestimmen. Es scheint jedoch ein wesentliches Charakteristikum rationaler Personen zu sein, ihre Handlungen punktuell im Hinblick auf ihre Konformität mit strukturellen Intentionen zu wählen – ganz unabhängig davon, ob es eine alternative Kalkulationsmethode gibt, die ohne strukturelle Einbettung auskommt. Die Ausprägung punktueller Intentionen im Hinblick auf strukturelle, die Wahl einer punktuellen Handlung im Hinblick darauf, dass sie Teil einer Handlungsfolge sein soll, die eine strukturelle Intention erfüllt, ist vernünftig. Punktuell, also unter Ausblendung des größeren Zusammenhangs intentionaler Strukturen zu handeln, kann nicht als Charakteristikum einer rationalen Person gelten.

8
Willensschwäche und Handlungsverantwortung

Eine Person handelt willensstark, wenn sie punktuell das tut, was sie als strukturell rational erkannt hat. Willensschwäche äußert sich in strukturell irrationaler, punktueller Optimierung. Willensstärke ist Voraussetzung für verantwortliches Handeln. Verantwortung wahrnehmen verlangt, sich von den jeweiligen (punktuellen) Situierungen in einem gewissen Maße unabhängig zu machen. In einem minimalen Sinne sind Menschen, auch willensschwache, jedoch für alle ihre Handlungen verantwortlich.

Die Motive, aus denen heraus eine Person sich in ihrem Handeln nicht an die von ihr selbst befürworteten Strukturen hält, sind vielfältig. Augenblicksneigungen lassen sie etwas tun, das nicht dem entspricht, was ihr auf lange Sicht sinnvoll erscheint. Jeder Mensch neigt zu einer zeitlichen Diskontierung, d. h., Gründe, die sich auf zeitlich fernere Wirkungen beziehen, werden weniger ernst genommen als Gründe, die sich auf die zeitlich näheren Wirkungen der Handlung beziehen. In längeren Fristen betrachtet, führt dies zu (intrapersonellen) Handlungsstrukturen, die aus der Sicht der handelnden Person selbst nicht wünschenswert sind. Dabei geht es nicht nur um die Abwägung kurzfristiger und langfristiger Handlungsfolgen. Es kommt häufig vor, dass eine Handlung punktuell betrachtet unter Einbeziehung ihrer mittel- und langfristigen Folgen vorteilhaft ist, obwohl die durch punktuelles Handeln dieser Art sich ergebende intrapersonelle Handlungsstruktur nachteilig ist.

Das interpersonelle Kooperationsproblem (vgl. Kap. 5) hat eine intrapersonelle Entsprechung. Diese Entsprechung ergibt sich daraus, dass Personen zu unterschiedlichen Zeitpunkten veränderliche Neigungen und Einschätzungen haben. Bildlich gesprochen müssen unterschiedliche konative und epistemische Einstellungen zu unterschiedlichen Zeitpunkten miteinander koordiniert werden, um ein kohärentes Leben zu ermöglichen. Die Varianzen zwischen den Personen haben ihre Entsprechung in den über die Zeitspanne des Lebens sich ergebenden Varianzen innerhalb einer Person – und zwar sowohl bezüglich ihrer konativen wie bezüglich ihrer epistemischen Einstellungen.

Die begrifflichen Probleme, die das Phänomen der Willensschwäche (bzw. der *akrasia*) für die Theorie praktischer Rationalität aufwirft, sind vor allem ein Hinweis darauf, dass die Standardauffassung praktischer Rationalität in fundamentaler Hinsicht unzureichend ist, denn diese bestimmt Rationalität instrumentell bezüglich gegebener epistemischer und konativer Einstellungen. Damit muss das Phänomen der Akrasia innerhalb gegebener konativer und epistemischer Einstellungen zu einem bestimmten Zeitpunkt rekonstruiert werden. Dass dies weit an der lebensweltlichen Erfahrung von Willensschwäche vorbeigeht, liegt auf der Hand. Die subjektive Wahrnehmung, willensschwach zu handeln, beruht ja gerade auf der Einsicht in einen Konflikt zwischen guten Gründen einerseits und Nachgiebigkeit gegenüber Augenblicksneigungen andererseits.

In Kapitel 2 wurde argumentiert, dass Handlungen

grundsätzlich nicht das Ergebnis von Neigungen, moderiert von epistemischen Einstellungen, sind, sondern immer einen akzeptierten, praktischen Grund repräsentieren. Im Rahmen der Konzeption struktureller Rationalität reformuliert, lautet also die Problematik der Willensschwäche: Wie kann es sein, dass eine Person einen Handlungsgrund akzeptiert, d. h. ihr Handeln nach diesem Grund ausrichtet, von dem sie selbst annimmt, dass er nicht ausschlaggebend sein sollte, sondern von anderen (strukturell umfassenderen) Handlungsgründen aufgewogen wird?

Interessanterweise steht diese Einsicht, dass Akrasia mit dem Konflikt punktueller Optimierung und struktureller Rationalität zusammenhängt, schon im Mittelpunkt des *locus classicus* dieser philosophischen Thematik. Dass die betreffende Textstelle in der *Nikomachischen Ethik* meist anders interpretiert wird, ist ein Indiz dafür, wie sperrig diese Einsicht für die Standardauffassung praktischer Rationalität ist. Die Frage, die sich Aristoteles stellt, lautet: Gegen was verstößt der Unbeherrschte (*kraates*)? »[...] so geht eine Meinung auf das Allgemeine, die andere auf das Einzelne, das selbst bereits der Sinneswahrnehmung untersteht. Wird nun aus beiden eines, so wird die Schlussfolgerung von der Seele bejaht und, wo es sich um eine Hervorbringung handelt, sogleich ausgeführt werden müssen, etwa: wenn man alles Süße kosten soll und dieses da als Einzelnes süß ist, so wird der, der dazu in der Lage ist und nicht gehindert wird, dies gleichzeitig notwendigerweise tun. Wenn nun eine allgemeine Meinung vorhanden ist, die das Kosten verbietet, und daneben eine andere, dass alles Süße angenehm ist, und dass dieses Bestimmte süß ist (und diese

Meinung bewirkt), und wenn außerdem auch eine Begierde da ist, so wird die erste Meinung raten, dass man dies meiden solle, die Begierde aber führt darauf hin. Und so kann man in gewisser Weise durch den Verstand und das Meinen unbeherrscht sein, eine Meinung, die zwar nicht an sich, aber doch beiläufig (denn eigentlich ist die Begierde entgegengesetzt und nicht die Meinung) der wahren Einsicht entgegengesetzt ist. Aus diesem Grunde sind auch die Tiere nicht unbeherrscht, weil sie keinen Begriff vom Allgemeinen haben, sondern nur eine Vorstellung und Erinnerung an das Einzelne.«[48]

Der Übergewichtige, der seinem augenblicklichen Appetit folgend mehr isst, als ihm selbst vernünftig erscheint, handelt nicht ohne Grund. Man würde die Situation nur unzureichend analysieren, wenn man diese Handlung als bloßen Ausdruck einer augenblicklichen Neigung interpretierte. Es gibt Übergewichtige, die ihre Speisen mit Bedacht wählen, sich beim Ober nach der zu erwartenden Qualität informieren und sogar die mit den jeweiligen Speisen verbundene Kalorienaufnahme berücksichtigen. Die resultierende Handlung kann man nicht zu einem bloßen Reflex auf eine Gegenwartsneigung herabwürdigen. Tatsächlich kann der Übergewichtige auf die Frage, warum er sich gerade so entschieden habe, eine schlüssige Antwort geben. In dieser Antwort werden geschmackliche Qualitäten, Zuträglichkeit und eigene Neigungen eine Rolle spielen. Die Wahl dieser Speise ist Ausdruck akzeptierter Handlungsgründe, obwohl diese Wahl – wie wir angenommen haben – strukturell irrational war. In vielen Fällen wird man der Per-

48 Aristoteles, *Nikomachische Ethik* 1147a–1147b, in der Übers. von Olof Gigon.

son auch nicht dadurch gerecht, dass man ihr in einem gewissen Zeitablauf ein unterschiedliches Maß an Einsicht unterstellt. Normalerweise ist es nicht so, dass der Übergewichtige nach Verzehr der Speise einsieht, dass gewichtige Gründe dagegen gesprochen haben. Vielmehr war ihm dies schon vor der Bestellung und während des Verzehrs bewusst oder konnte ihm jedenfalls jederzeit bewusst gemacht werden, ohne dass sich an seiner Handlungsweise etwas änderte. Von daher ist es eine unzureichende Analyse, dem Willensschwachen zu unterstellen, dass er nicht Gründen, sondern Neigungen folge.

Auch die willensschwache Person folgt Gründen, täte sie das nicht, würde sie nicht handeln, d. h., diese Verhaltensweise wäre von ihr nicht mehr zu verantworten. Der Übergewichtige weiß aber sehr wohl, dass er jederzeit hätte anders handeln können, dass es keine unmittelbare Verbindung zwischen seinem gegenwärtigen Appetit und der Wahl und dem Verzehr dieser Speise gab. Er entschied sich für diese Handlung, und er war zu jedem Zeitpunkt hinreichend rational, um auch die strukturellen Gründe, die dagegen sprachen, zu erkennen. Um dieses Verhalten zu verstehen, ist es lediglich notwendig, von der (platonistischen) Vorstellung Abstand zu nehmen, dass die gewählte Handlung jeweils die beste Einsicht der Person bezüglich ihrer Gründe repräsentiere.

Das *revealed preference*-Konzept der Entscheidungstheorie, für das Handlungen Präferenzen repräsentieren (bzw. der Person diejenigen Präferenzen zugeschrieben werden, die sich in entsprechenden Handlungen angesichts bestimmter offerierter Alternativen äußern), lässt sich auf die Konzeption struktureller Rationalität und das mit ihr verknüpfte Verständnis von Handlungen als Ausdruck der Gewichtung von Gründen nur unter der Bedingung einer vollkommen rationalen Person übertragen. Die willensschwache Person ist jedoch nicht vollkommen rational. Sie handelt nach Gründen, von denen sie weiß, dass sie durch gewichtigere Gründe aufgewogen werden. Aber sie handelt nicht ohne Grund, und insofern können ihr auch diejenigen Handlungen zugeschrieben werden, die aus Willensschwäche resultieren. Auch die willensschwache Person ist für ihr Handeln verantwortlich.

Wir müssen versuchen, beidem gerecht zu werden: Zum einen der Einsicht, dass jede Handlung von Gründen geleitet ist, die Person insofern Stellung genommen hat und für diese Stellungnahme und ihre Folgen verantwortlich gemacht werden kann, und zum anderen der Einsicht, dass es Willensschwäche gibt, dass reale Personen oft nicht den von ihnen als ausschlaggebend erkannten oder angenommenen Gründen in ihrem Handeln folgen. Sofern man einen binären Begriff der Verantwortung und der Handlung verwendet, gilt: Eine Person ist für jede ihrer Handlungen verantwortlich. Jede Handlung ist Ausdruck einer Stellungsnahme, das gilt auch dann, wenn eine Person Willensschwäche zeigt. Handlungen sind allerdings Ausdruck einer Stellungnahme nur unter der Bedingung, dass die Person in einem minimalen Sinn rational ist. Ohne ein Mindestmaß an Rationalität können einer Person keine Gründe, keine Handlungen und keine Verantwortung zugeschrieben werden. Man wird der Komplexität von Willensschwäche und Verantwortung aber besser gerecht, wenn man zu graduellen Begriffen übergeht. Verantwortlichkeit kann in unterschiedlichem, höherem und niedrigerem Maße bestehen, ein Verhalten kann in höherem und niedrigerem Maße Handlungscharakter haben, es kann in höherem und geringerem Maße von der Einsicht in gute Gründe geleitet sein.

Warum machen wir Kleinkinder für das, was sie tun, nicht verantwortlich? Eine Antwort lautet, ihnen fehle es noch an der notwendigen Einsicht. Ihrem Tun geht keine Abwägung von Gründen voraus. Sie zur Verantwortung zu ziehen hieße, sie zu befragen, welche Gründe ihre Handlungen geleitet haben. Sie könnten auf diese Frage keine Antwort geben. Etwa in der Zeit des ersten Spracherlernens beginnen kleine Kinder auf Fragen dieser Art jedoch durchaus Antworten zu geben. Sie benennen das Ziel, welches sie erreichen wollten, zu Beginn dieser Phase, oft nur durch einen Fingerzeig, aus dem hervorgeht, was erstrebt wurde. Die verfolgten Absichten sind zunächst sehr kurzfristig, und kleine Kinder lassen sich rasch von ihren Zielen abbringen, indem man ihre Aufmerksamkeit auf anderes lenkt. Ihr Verhalten ergibt sich aus dem Augenblick, sie reagieren auf äußere Veränderungen, indem sie ihre vorherigen Ziele aufgeben bzw. vergessen, sie verzweifeln rasch, wenn sie etwas nicht erreichen, ihre Stimmungen können sich schlagartig ändern. Kindliches Verhalten ist willensschwach, ihm fehlt die Strukturierung durch Handlungsgründe über längere Zeiträume hinweg.

Damit ein Verhalten als Handlung einer Person zugeschrieben werden kann, ist es erforderlich, dass wir ihr Gründe unterstellen, aus denen heraus sie gehandelt hat. Das kleine Kind, das, befragt, auf ein Ziel deutet, benennt einen Grund, aus dem heraus es sich so verhalten hat. Damit hat das betreffende Verhalten zweifellos Handlungscharakter. Der leitende Grund ist allerdings kurzfristig und situationsbezogen. Er ergibt sich aus der Neigung des Augenblicks, einem Wunsch, der in dem Kind aufsteigt und auf dessen Erfüllung sich sein ganzes Streben sofort richtet. Für das Kind ist dieser Wunsch im wörtlichen Sinne unwiderstehlich. Entsprechend tief ist die Verzweiflung, wenn es diesen Wunsch nicht befriedigen kann. So leicht das kleine Kind sich durch einen neuen Gegenstand, der seine Aufmerksamkeit plötzlich ganz gefangen nimmt, von diesem Ziel abbringen lässt, so ausgeschlossen ist es doch zugleich, dass es sich – z. B. aus Einsicht, wie schwierig es wäre, dieses Ziel zu erreichen – von seinem aktuellen Wunsch distanziert. Bildlich gesprochen ist der Abstand zwischen aufkommendem Wunsch und Ausrichtung des Verhaltens auf die Wunscherfüllung ganz gering. Dazwischengeschaltet ist lediglich eine rudimentäre Abschätzung, welche Mittel geeignet sind, sich diesen Wunsch zu erfüllen. Schon für komplexere instrumentelle Abwägungen fehlt die Distanz. Um ein Ziel auf Umwegen anzugehen, wäre eine Distanzierung von den Augenblicksneigungen ebenso nötig wie die Fähigkeit, Wünsche über Frustrationserlebnisse hinweg aufrechtzuerhalten.

Das kleine Kind ist punktueller und zudem kurzfristiger Optimierer und verfehlt so – auf sich gestellt – die meisten seiner Ziele. Insofern ist die Kontrolle, die es über sein Verhalten hat, zunächst minimal. Entsprechend ist der Handlungscharakter seines Verhaltens schwach ausgeprägt. Die Kontrolle ist punktuell und kurzfristig. Es fehlt die Einbettung von Handlungen in größere strukturelle Zusammenhänge. Diese Feststellung ist natürlich damit vereinbar, dass das Verhalten auch des kleinen Kindes insgesamt mehr oder weniger strengen Regeln unterworfen ist. Die Kontrolle des Verhaltens durch die (werdende) Person ist dennoch punktuell und erratisch, auch wenn das Verhalten insgesamt klare Strukturen aufweisen mag. Die Persönlichkeit eines Kindes wächst in dem Maße, in dem es immer größere Bereiche seines Verhaltens kontrolliert und damit zunehmend Verantwortung für sein eigenes Leben übernimmt. Immer weitere Bereiche seines Verhaltens erlangen Handlungscharakter und die Person wird in den sich durchhaltenden Strukturen ihres Handelns zunehmend erkennbar.

Genau diejenigen Verhaltensbestandteile, die von akzeptierten Gründen angeleitet sind, haben Handlungscharakter. Eine Person ist genau für diejenigen Verhaltensbestandteile verantwortlich, die sie unter ihrer Kontrolle hat. Sie hat genau diejenigen Verhaltensbestandteile unter Kontrolle, die Handlungen sind. Handlungen repräsentieren akzeptierte Gründe. Sofern das Verhalten durch Gründe gesteuert ist, hat es Handlungscharakter. Handlungen repräsentieren nur dann Gründe, wenn dem Akteur ein hinreichendes Maß an Rationalität unterstellt werden kann. Praktische Rationalität äußert sich in Verhalten, das durch Gründe geleitet ist. Ein Wesen, bar jeder praktischen Rationalität, trägt keine Verantwortung für sein Tun. Für sein Verhalten verantwortlich zu sein, setzt voraus, dass dieses Verhalten durch Gründe gesteuert ist, es setzt voraus, dass sich die Person hinreichend von ihrer Situierung – ihrer kulturellen und sozialen Prägung und ihrer aktuellen Interessen – distanzieren und ihr Handeln an Gründen orientieren kann. Nur wer zu dem, was er tut, Stellung nehmen kann, trägt dafür auch Verantwortung.

Hier stellt sich die Frage, ob man sich eine Person vorstellen kann, die zwar Stellung nehmen kann zu dem, was sie tut, aber nicht in der Lage ist, dieser jeweiligen Stellungnahme, d. h. dem Ergebnis der Abwägung in ihrem Handeln, zu entsprechen? Nehmen wir an, eine Person komme in der Abwägung zu dem Ergebnis, dass alle guten Gründe für eine bestimmte Handlung sprächen, und diese gleiche Person beobachtet unmittelbar darauf, wie sie eine andere Handlung ausführt. Wenn eine solche Vorstellung in sich kohärent wäre, dann gäbe es Personen, die entgegen ihrer Stellungnahme handelten. Tatsächlich ist diese Vorstellung jedoch nicht kohärent, da in diesem beschriebenen eindeutigen Fall eine Handlung entgegen der Stellungnahme nur möglich ist, wenn diese der Kontrolle der Person entzogen wäre. Es könnte z. B. sein, dass Elektroden, die an den Muskeln dieser Person angebracht sind, diese in einer Weise zu Kontraktionen veranlassen, die von ihr weder direkt noch indirekt beabsichtigt sind. Solche Situationen sind nicht nur denkbar, sondern unterdessen auch empirisch realisierbar, aber sie ändern nichts am Befund. Es wäre nämlich ganz unsinnig, die Bewegungen, die durch solche nicht intendierten Muskelkontraktionen zustande kommen, als Handlungen zu interpretieren. Es mag zwar sein, dass ein Beobachter, der diese Bewegungen sieht und nicht weiß, durch welchen kausalen Mechanismus sie zustande kommen, diese für die äußere Form der Handlung hält, aber nach Aufklärung wird er von erzwungenen Muskelkontraktionen und den daraus sich ergebenden Bewegungen, aber sicherlich nicht mehr von einer entsprechenden Handlung der Person sprechen. Diese Muskelkontraktionen sind der Person gewissermaßen nicht zuzuschreiben, sie unterliegen nicht ihrer Kontrolle und korrespondieren nicht mit einer entsprechenden Handlung.

Auch die willensschwache Person handelt aufgrund einer Stellungnahme, allerdings aufgrund einer Stellungnahme, die mit einer anderen in Konflikt steht, die einen *strukturelleren* Charakter hat, wie wir es genannt haben. Die Willensschwäche drückt sich darin aus, dass die Person eine unangemessene Gewichtung der Augenblickssituation vornimmt. Das, was gerade zählt, ist das Naheliegende, obwohl es ihrer besseren Einsicht zuwiderläuft. Die Person kann die Handlungsgründe richtig abwägen, entscheidet sich dann aber für eine Handlung, die dieser Abwägung nicht (vollständig) entspricht. Dennoch bleibt die Handlung auch der willensschwachen Person Ausdruck einer Stellungnahme, die zeigt, was ihr in diesem Augenblick am wichtigsten ist.

Am Beispiel eines Süchtigen lässt sich das leicht anschaulich machen. Der entzugswillige Süchtige entscheidet sich oft gegen seine bessere Einsicht. Er weiß, dass es – strukturell betrachtet – am besten wäre, sein Suchtverhalten zu beenden. Er entscheidet sich dennoch im Einzelfall für dic Fortsetzung des abhängigen Verhaltens, weil er den punktuellen Situationsmerkmalen unangemessen großes Gewicht beimisst. Er vermeidet damit das sonst abzusehende Schmerzempfinden bei »kaltem« Entzug. Da dieser Schmerz zum Zeitpunkt der Entscheidung nur als Erwartung und noch nicht aktuell präsent ist, wird deutlich, dass auch das Suchtverhalten selbst in der Regel Handlungscharakter hat und auf einer – allerdings allzu punktuellen – Abwägung von Gründen beruht. Der Süchtige *entscheidet* sich dafür, der kurzfristigen Schmerzvermeidung Vorrang vor der langfristigen Suchtfreiheit zu geben. Die Irrationalität dieses Verhaltens liegt darin, dass diese punktuelle Optimierung sich mit dem strukturell Gewünschten nicht in Einklang bringen lässt. Der Süchtige ähnelt in seinem Verhalten einem Kind: Die punktuelle Optimierung dominiert, eine langfristige strukturelle Prägung des Handelns durch akzeptierte Gründe ist nicht erkennbar. Im minimalen Sinn bleibt der Süchtige für seine Handlungen verantwortlich, seine Willensschwäche schränkt das Maß seiner Verantwortlichkeit jedoch ein. Die Situation lässt sich kontinuierlich zugespitzt denken. Im Extremfall spürt die süchtige Person schon den aufkommenden Schmerz, sie handelt im Sinne der Schmerzvermeidung und reagiert womöglich nur noch reflexartig auf Versuche, diese Handlungsweise zu unterbinden. Ein Teil ihres Verhaltens verlöre damit seinen Handlungscharakter (könnte der Person nicht mehr als Handlung zugeschrieben werden). Sie trüge dafür überhaupt keine Verantwortung mehr.

Es gibt nur eine genuine Form der Verantwortung. Diese bezieht sich auf eigene freie Handlungen. Verantwortung ist individuell, sie ist an die Intentionen der handelnden Person gebunden. »Verantwortung«, »Freiheit«, »Handlung« sind streng genommen nur unterschiedliche Aspekte von ein und demselben, nämlich individueller Intentionalität. Die in der ethischen Literatur verbreitete Unterscheidung von Verantwortungstypen kann da leicht in die Irre führen. Eine Handlung gegenüber Dritten verantworten, was wortgeschichtlich der

Ausgangspunkt des Verantwortungsbegriffs gewesen ist, ist systematisch derivativ. Nur diejenigen meiner Verhaltensbestandteile, für die ich verantwortlich bin, kann ich gegenüber anderen verantworten. Gleiches gilt für weitere Unterscheidungen, wie die der so genannten Folgenverantwortung. Eine Person kann nur in den Grenzen für Folgen ihres Verhaltens – derivativ – verantwortlich gemacht werden, soweit diese Folgen genuiner eigener Handlungen sind, d. h. ihrer Kontrolle unterliegen, Ergebnis ihrer eigenen Intentionen sind.

Eine Person ist dabei weder für alle kausalen Folgen ihrer Handlungen derivativ verantwortlich, noch lediglich für kausale Folgen ihrer Handlungen. Es gibt kausale Folgen eigener Handlungen, für die keine derivative Verantwortung besteht, und es gibt derivative Verantwortung für Ereignisse, die nicht kausale Folge eigener Handlungen sind. Im Rahmen der Konzeption struktureller Rationalität lassen sich diese Anomalien derivativer Verantwortung erklären.

Die Wähler einer Partei sind derivativ, wenn auch in geringem Umfang dafür (mit)verantwortlich, wenn die von ihnen gewählte Partei die Regierung übernimmt und ihr vor der Wahl publiziertes Programm in konkrete Politik umsetzt. Für den einzelnen Wähler gilt dabei, dass die eigene Wahlabgabe für die Regierungsübernahme und damit für die konkreten politischen Folgen keine kausale Rolle spielte. Ohne diese eine Stimmabgabe wäre das Wahlergebnis und seine Politikfolgen unverändert gewesen. Für den ethischen und rationalitätstheoretischen Konsequentialismus ergibt sich daraus ein fundamentales Problem. Für die Konzeption struktureller Rationalität ist dagegen die – strukturelle – Intention der jeweiligen Person ausschlaggebend. Diese bestimmt, welche primäre Handlungsverantwortung sie trägt. Ausschlaggebend sind die – im Falle einer umfassend rationalen Person immer strukturellen – handlungsleitenden Intentionen, die den Inhalt der Primärverantwortung bestimmen. Eine rationale Person gibt ihre Wahl nicht aufgrund der erwarteten kausalen Folgen ab, sondern hat etwa folgende strukturelle Intention: In der Erwartung, dass andere, politisch von ähnlichen Überzeugungen geprägte Bürger ihren Teil zum möglichen Wahlerfolg beitragen, leistet sie ihren eigenen Beitrag. Ihre strukturelle Intention sieht den individuellen Akt als Teil einer befürworteten kollektiven Handlungsstruktur. Nur als solcher macht er überhaupt Sinn. Entsprechend gestaltet sich die Folgenverantwortung: Die allen Unterstützern dieser Partei gemeinsame strukturelle Intention ist – kollektiv – kausal für das Wahlergebnis und seine Politikfolgen verantwortlich. Diese kollektive metaphorische Verantwortung korrespondiert mit einer Primärverantwortung für die entsprechend dieser strukturellen Intention charakterisierte Einzelhandlung (also den individuellen Wahlakt, der Ausdruck der Absicht ist, einen Beitrag zum Wahlerfolg zu leisten und damit seine konkreten Politikfolgen zu ermöglichen). Bei völliger Symmetrie der Situation könnte man von einer entsprechend der Anzahl der Wähler geteilten ($1/n$) individuellen derivativen Folgenverantwortung sprechen. Die einzelne Person ist also für manches (derivativ) verantwortlich, was nicht durch ihr Handeln verursacht wurde (was keine kausale Handlungsfolge darstellt).

Umgekehrt gilt, dass die einzelne Person nicht für alle absehbaren Folgen ihrer Handlungen eine derivative

Verantwortung trägt. Der Tourist, der sich in Bernard Williams' Beispiel[49] weigert, einen unschuldigen Dorfbewohner zu erschießen, und damit den Milizionär, seiner Drohung entsprechend, dazu veranlasst, alle zu erschießen, trägt keine derivative Folgenverantwortung. Diese trägt ausschließlich der Milizionär, denn seine Handlungsintention umfasst die Tötung dieser Personen. Die Realisierung seiner Intentionen zeitigt gerade dieses Ergebnis. Er ist für diese Morde allein verantwortlich. Die Strukturierung des Verhaltens durch Intentionen bezieht sich nicht lediglich auf absehbare Handlungsfolgen. Entsprechend gibt es keine einfache Korrespondenz von (absehbaren) Handlungsfolgen und derivativer Verantwortung. Umfassende (d. h. die derivative einschließende) Handlungsverantwortung korrespondiert mit den konkreten intentionalen Strukturen der handelnden Personen.

Willensschwäche wirft für die Konzeption struktureller Rationalität keinerlei begriffliche Probleme auf. Mit unserem Handeln folgen wir Gründen. Wir folgen allerdings nicht immer unserer besten Einsicht in die relevanten Gründe. Eine Form der Abweichung von der besten Einsicht wird als Willensschwäche bezeichnet, diese lässt sich als Konflikt zwischen strukturellen und punktuellen Gründen rekonstrukieren. Positiv gewendet: Willensstärke äußert sich in strukturell rationalem Handeln. Die Verantwortlichkeit für das eigene Tun steigt mit der Fähigkeit zu struktureller Rationalität, d. h. einzelne Handlungen in den größeren strukturellen Zusammenhang zu integrieren.

49 J. J. C. Smart / Bernard Williams, *Utilitarianism for and against*, Cambridge 1973, S. 97 ff.

9

Kohärenz und strukturelle Rationalität

Verhalten wird zu Handlung, wenn es von der Person, d. h. von ihren Intentionen, kontrolliert und damit Ausdruck ihrer (normativen) Stellungnahme ist. »Unter diesen Bedingungen sollte ich jenes tun, da …« (die leitende Intention). Der zunehmende Handlungscharakter des Verhaltens scheint daher ein Begleitphänomen seiner Rationalisierung zu sein. Die immer wieder neue Abwägung von Handlungsoptionen, die dauernde Kontrolle des eigenen Verhaltens, die dichte Folge normativer Stellungnahmen sind als Charakterisierung einer vernünftigen Person jedoch wenig attraktiv. Natürlich bietet sich hier die entscheidungstheoretisch präzisierbare Forderung an, nur in solchen Situationen Abwägungen zwischen unterschiedlichen Handlungsoptionen vorzunehmen, für die die erwarteten Kosten dieser Abwägung (z. B. Zeitverlust) geringer sind als der erwartete Nutzen, der sich daraus ergibt, dass die aufgrund von Abwägungen getroffene Entscheidung in vielen Fällen besser als die ohne Abwägungen getroffene ist. Die Forderung nach struktureller Rationalität weist jedoch in eine andere Richtung: Es ist nicht die Einschränkung punktueller Entscheidungsfindung, sondern ihre Einbettung in umfassendere Strukturen, die eine vernünftige Person auszeichnet.

Die traditionell vorgegebenen, d. h. jeder rationalen Kontrolle entzogenen Strukturen des Verhaltens brechen im Zuge von dessen Rationalisierung auf. An die

Stelle vorgegebener Verhaltensmuster tritt eine dichter werdende Folge punktueller Entscheidungen. Es ist nicht nur die schiere Anzahl pro Zeiteinheit, sondern auch die hohe Komplexität der Entscheidungsfindung, die reduziert werden muss. Strukturelle Rationalität leistet das: Durch die Entscheidung für eine übergreifende (Handlungs-)Struktur werden die Anzahl der Einzelentscheidungen pro Zeiteinheit und die Komplexität der jeweiligen Abwägung reduziert. Die Wahl von Strukturen ist Ausdruck individueller Freiheit und schafft die Bedingungen ethischer Gewöhnung. Es entstehen neue Verhaltensmuster, die die Abwägung im Einzelfall überflüssig machen.

Die verbleibenden Abwägungen beziehen sich im Idealfall lediglich darauf, welche der offen stehenden Handlungsweisen sich am besten in die gewählte Struktur einpasst. Während dem punktuellen Optimierer lediglich epistemische Grenzen auferlegt sind und seine Verarbeitungskapazität das Maß der Rationalisierung des eigenen Verhaltens bestimmt, weiß die strukturell rationale Person um die Überlegenheit strukturierten Verhaltens, sie lässt nicht zu, dass punktuelle Optimierung diese Strukturen sprengt, und stößt auf diese Weise im Gegensatz zum punktuellen Optimierer nicht so rasch an ihre Kapazitätsgrenzen. Im Gegenteil kann ein Zugewinn an praktischer Vernunft die Komplexität der Entscheidungsfindung reduzieren und Spielraum für die Konzentration auf Wesentliches schaffen. *A limine* wählt die strukturell rationale Person eine Lebensform, sie bleibt in jedem Einzelfall frei, von den konstitutiven Strukturen dieser Lebensform abzuweichen, und wählt ihre Handlungen doch so, dass sie diese Strukturen stützen und fortschreiben. Die fiktive Figur des strukturell rationalen Weisen trifft eine einzige Entscheidung, nämlich die für eine in sich kohärente Lebensform, und enthebt sich damit aller punktuellen Abwägungen bis auf diejenigen, die dafür sorgen, dass die jeweiligen Einzelhandlungen sich in jene Strukturen einbetten, die diese Lebensform ausmachen.

Reale Personen gehen vor und zurück, d. h., sie entscheiden sich für Strukturen und modifizieren sie konfrontiert mit konkreten Entscheidungssituationen. Reale Personen wissen um die Unwägbarkeiten ihrer existentiellen Grundentscheidungen, geben diesen Bewährungsfristen, konfrontieren sie mit den konkreten Erfahrungen ihrer Umsetzung, spezifizieren, modifizieren und gegebenenfalls revidieren diese. Insofern steht für reale Personen die existentielle Grundentscheidung nicht isoliert am Beginn, sondern in einem steten Spannungsverhältnis zu den Einzelentscheidungen des Alltags. Während jedoch für den punktuellen Optimierer existentielle Grundentscheidungen keine Rolle spielen (können), da Bindung für ihn nur über kausale Mechanismen und nicht durch frei gewählte Einbettung der Einzelentscheidung in strukturelle Zusammenhänge möglich ist, bleibt die strukturell rationale Person frei und genießt dennoch den Vorteil praktischer Vernunft, nämlich den einer kohärenten Lebensführung.

Es gibt keine externen Kriterien für die richtige Wahl der Lebensform. Die Konzeption struktureller Rationalität plädiert nicht für einen neuen normativen Fundamentalismus. Die normative Abwägung im Rahmen struktureller Rationalität kann sich nicht auf fraglose Prinzipien der Beurteilung stützen und sie verfügt nicht über eine Theorie, die das intrinsisch Wertvolle unabhängig von konkreten Lebensformen bestimmt. Uns steht z. B. nicht wie dem klassischen Utilitarismus ein hedonistischer Wertmaßstab zur Verfügung, der Lebensformen lediglich danach bemisst, welches Integral subjektiven Wohlbefindens über die Lebensdauer diese nach sich ziehen. Die gute Lebensform ergibt sich aus der Balance guter normativer Gründe. Zu diesen Gründen gehören nicht nur ethische im engeren Sinne, also solche, die sich auf Kooperation und die Rücksichtnahme auf andere Personen beziehen, sondern auch solche, die eigene Neigungen und Wünsche berücksichtigen. Begründungspflichten treten im Grunde nur dort auf, wo Inkohärenzen vorliegen. Interne Inkohärenzen verlangen nach Begründung gegenüber der handelnden Person selbst, externe gegenüber kritischen Fragen anderer. Eine gute Begründung löst die jeweilige Inkohärenz auf, die das Problem bzw. die Frage aufwarf – intrapersonell oder interpersonell. Entscheidungen, gegen die keine *prima facie* guten Gründe sprechen, bedürfen keiner näheren Begründung. Die Analogie mit Überzeugungen liegt auf der Hand. Vernünftiger Zweifel, d. h. kritische Nachfragen, die es wert sind, beantwortet zu werden, rekurrieren auf *prima facie* gute Gründe, die gegen diese Überzeugung sprechen. Eine Skepsis anderer Art hat keinen Ort in der Lebenswelt, sie wäre im schlechten Sinne akademisch.

Strukturelle Rationalität ist das praktische Pendant zur Theoriensubsumtion in den Naturwissenschaften. Die Einbettung von Einzeltheorien in umfassende, als deren Spezialisierung sie sich dann darstellen, ist ein Rationalitätsgewinn auch dann, wenn zusätzliche empirische Phänomene dadurch nicht erklärt werden. Die Kohärenz der betreffenden Komplexe deskriptiver Überzeugungen nimmt durch eine solche Einbettung zu. Ob die übergeordnete Theorie selbst wohl begründet ist, erschließt sich zum Teil gerade aus der erfolgreichen Einbettung bewährter »kleinerer« oder »phänomenologischer« Theorien. Die Begründungsrelationen laufen nicht nur von der übergeordneten Theorie zu ihren Spezialisierungen, sondern auch umgekehrt. Die Tatsache, dass sich eine bewährte Theorie einbetten lässt, spricht für die umfassendere. Entsprechendes gilt für das Verhältnis umfassender struktureller Entscheidungen (im Extremfall existentieller Entscheidungen) und »kleinerer« und »punktuellerer« Entscheidungen. Eine umfassende strukturelle Entscheidung bewährt sich dann, wenn »kleinere« Entscheidungen, für die selbst wiederum gute Gründe sprechen, sich in die größere strukturelle Entscheidung einbetten lassen. Andererseits gewinnen die kleineren Entscheidungen an Gewicht und Plausibilität, wenn sie sich in einen strukturellen Rahmen einbetten lassen.

Die Analogie zwischen der Kohärenz deskriptiver Überzeugungen und der Kohärenz von Entscheidungen reicht weit. In beiden Fällen sind die Begründungsrelationen kohärentistisch (und holistisch). Es gibt keine deduktiven, axiomatischen Begründungsstrukturen und keine wohl abgegrenzte Menge des Unbezweifelbaren und damit keinen normativen bzw. epistemischen Fundamentalismus. In beiden Fällen stehen formale Rahmentheorien zur Verfügung: Entscheidungstheorie und deontische Logik für den praktischen Bereich, klassische Logik und Wahrscheinlichkeitstheorie für den theoretischen Bereich. Hier stellt sich weniger die Frage nach der Reichweite dieser Analogie, sondern zunächst eher die, inwiefern vor dem Hintergrund der in diesem Essay umrissenen Konzeption struktureller Rationalität überhaupt noch von Analogie und nicht von Identität die Rede sein müsste. Entscheidungen repräsentieren normative Überzeugungen. Normative Überzeugungen befassen sich mit Fragen des richtigen Handelns. Normative Urteile sind Urteile wie alle anderen auch, sie gehorchen (mit wenigen Modifikationen) der gleichen Logik und ihre natürlichste Interpretation ist ebenfalls realistisch (oder besser: objektivistisch). Insofern ist die behauptete Analogie in der Tat eine Trivialität. Entscheidungen repräsentieren konative Einstellungen bzw. normative Überzeugungen eines besonderen Typs und die Begründungsrelationen zwischen diesen sind denen epistemischer Einstellungen bzw. deskriptiver Überzeugungen analog.

Die Analogie zwischen normativen, die Handlungen leitenden Überzeugungen und deskriptiven Überzeugungen kann allerdings dann in die Irre führen, wenn man als Prototyp deskriptiver Überzeugungen wissenschaftliche Hypothesen und Theorien heranzieht. Normative Urteile sollten in weitgehender Analogie zu deskriptiven Alltagsurteilen und nicht zu wissenschaftlichen Hypothesen gesehen werden. Normative Urteile sind Bestandteil der Lebenswelt, sie sind daher in höherem Maße revisionsresistent und tiefer in unseren alltäglichen Handlungsmustern verankert als wissenschaftliche Hypothesen. Die weitgehende Unabhängigkeit wissenschaftlicher Urteile von den lebensweltlichen Kontexten gibt diesen eine Freiheit und setzt sie andererseits in höherem Maße der kritischen Überprüfung aus, als dies für die deskriptiven und normativen Überzeugungen unserer Lebenswelt möglich und sinnvoll wäre. Diese Andeutungen ändern aber nichts daran, dass Begründungen von Überzeugungen jeder Art kohärentistisch sind und dass Entscheidungen einen Typus von Überzeugungen repräsentieren und damit den gleichen Regeln der Begründung unterliegen.

Große (strukturelle) Entscheidungen können kleine (punktuelle) begründen. Die große Entscheidung, eine bestimmte Reise zu unternehmen, begründet eine Vielzahl kleiner Entscheidungen wie die, ein Reisebüro anzurufen, ein Ticket zu bestellen etc. Große Entscheidungen konstituieren unter günstigen Bedingungen gute Handlungsgründe. Die Frage: »Warum tust du das?«, bezogen auf eine kleine Entscheidung, kann in vielen Fällen lediglich durch Verweis auf eine große Entscheidung zureichend beantwortet werden. Große Entscheidungen können Handlungsgründe konstituieren. Diese asymmetrische Beziehung zwischen kleinen und großen Entscheidungen steht jedoch nicht im Widerspruch zu einem kohärentistischen Verständnis struktureller Rationalität. Dies wird klar, wenn wir den alternativen Weg eines deduktivistischen und fundamentalistischen Verständnisses struktureller Rationalität weiter verfolgen. Ob eine Entscheidung groß ist oder klein, ist relativ. Die Entscheidung, nach Brasilien zu reisen, ist groß gegenüber der Entscheidung, das Reisebüro anzurufen, um ein Ticket zu bestellen. Die Entscheidung, nach Brasilien zu reisen, ist klein gegenüber der Entscheidung, sich jedes Jahr eine mehrwöchige Erholung zu gönnen. Vor unserem geistigen Auge entsteht so eine Hierarchie von Entscheidungsebenen, die in letzter Instanz auf die Wahl einer Lebensform zuläuft: Der Entwurf eines Lebens als letzte, gewissermaßen axiomatische Begründungsinstanz unserer Handlungen und Entscheidungen. Woher aber könnten wir die Kriterien gewinnen, die eine vernünftige Wahl der Lebensform anleiten? Entweder bedürften wir externer, aus den lebensweltlichen Begründungen herausgelöster rationaler Beurteilungskriterien oder die Konzeption struktureller Rationalität würde unversehens im Dezisionismus enden. Beides kann nicht befriedigen.

Externe Beurteilungskriterien bedürften selbst der Rechtfertigung. Ohne den Bezug zu konkreten Begründungen unserer Lebenswelt lassen sich solche Rechtfertigungen nicht gewinnen. Alle großen rationalistischen Begründungsversuche diesen Typs können als fehlgeschlagen gelten. Das gilt für Jeremy Benthams Begründung des utilitaristischen Prinzips ebenso wie für R. M. Hares Versuch, ein ethisches Kriterium aus der Logik der Moralsprache abzuleiten, oder für die vermeintliche Letztbegründung von Normen als transzendentaler Bedingungen der Kommunikation. Nun könnte man hoffen, dass zwar normative Kriterien, die interpersonelle Beziehungen regeln, sich nicht außerhalb vorgegebener moralischer Begründungsstrukturen etablieren lassen, dass dies aber nicht für Kriterien zur Beurteilung individueller Lebensformen gilt. Dieser Einwand ist jedoch in hohem Maße unplausibel: Wenn es schon nicht gelingt, für Interaktionsbeziehungen ethische Prinzipien mit axiomatischer Geltung zu entwickeln, um wie viel aussichtsloser ist es dann für die ganze Vielfalt individueller Lebensformen.

Im dezisionistischen Verständnis struktureller Rationalität gäbe es für die Wahl der Lebensform selbst keine guten Gründe. Es bliebe der letzte – gewissermaßen existentialistische – Akt der Selbsterfindung oder des Lebensentwurfes. Diese radikale Form des Existentialismus ist jedoch nicht in Einklang zu bringen damit, dass wir Gründe haben, unser Leben in einer bestimmten Weise zu gestalten, und dass diese Gründe auf eine Vielfalt konkreter Entscheidungsbedingungen Bezug nehmen. Wir begründen unsere Entscheidungen damit, Rücksicht auf andere zu nehmen oder zu kooperieren, wir widmen einen Teil unserer Lebensenergie Projekten, deren Realisierung wir einen intrinsischen, von unseren Interessen unabhängigen Wert zuschreiben. Wir richten unser Leben so ein, dass wir Befriedigung erfahren und Bereicherung empfinden. Eine vernünftige Person trifft große Entscheidungen – und wenn es so etwas geben sollte, auch die größte, d. h. die für eine spezifische Lebensform – im Hinblick auf die konkreten Lebenssituationen, die diese voraussichtlich nach sich ziehen. Sie trifft große Entscheidungen nicht nur im Hinblick auf ihre Einbettbarkeit in noch umfassendere, sondern auch im Hinblick auf die durch sie bedingten (begründeten) kleinen Entscheidungen. Eine große Entscheidung wird insofern im Hinblick auf die durch sie begründeten kleinen Entscheidungen selbst begründet. Dies ist kein Zirkel, sondern verweist auf den kohärentistischen Charakter praktischer Begründungen. Die Konzeption struktureller Rationalität macht nur bei einer kohärentistischen Interpretation Sinn.

Wenn ich eine gute große Entscheidung getroffen habe, so sind damit diejenigen kleinen Entscheidungen begründet, die notwendig sind, um die große Entscheidung zu realisieren. In vielen Fällen ist nicht klar, welche der offen stehenden kleinen Entscheidungen am besten geeignet sind, die große Entscheidung zu realisieren, und manchmal konfligieren unterschiedliche große Entscheidungen in der konkreten kleinen Entscheidungssituation. In der Abwägung der Priorität kann auf die nächsthöhere Ebene zurückgegriffen und damit die Kohärenz der Entscheidungsstrukturen erhöht werden oder es kommt im Einzelfall zu einer willkürlichen Auflösung der Überbestimmtheit. Große Entscheidungen bewähren sich in den durch sie begründeten kleinen Entscheidungen. Wenn eine große Entscheidung eine kleine notwendig macht, die z. B. aus ethischen Gründen inakzeptabel ist, so steht damit zugleich die große Entscheidung zur Disposition. Die Begründungsrelationen zwischen Entscheidungen sind also sowohl deduktiv wie reduktiv.

Eine in sich vollkommen kohärente Lebensform wirft keine internen Begründungsprobleme auf. Dies impliziert keineswegs, dass sie nicht möglicherweise schon aus ethischen Gründen inakzeptabel sein kann. Für die Person selbst stellen sich aber im Rahmen einer kohärenten Lebensform keine Fragen. Analog gilt für den interpersonellen Fall, dass sich Begründungsprobleme erst dann ergeben, wenn die von den beteiligten Personen akzeptierten *prima facie*-Begründungen für Entscheidungen divergieren. Interpersonelle Kohärenz heißt aber nicht Gleichheit der Lebensform. Zwei Personen, die sich etwa einig darüber sind, dass unterschiedliche Neigungen, unterschiedliche kulturelle Prägungen, unterschiedliche soziale Rollen auch entsprechend veränderte Entscheidungsbedingungen schaffen und Unterschiedliches jeweils begründen, haben wechselseitig kein offenes Begründungsproblem.

Wenn man sich einen Handlungsgrund zu eigen macht, legt man sich auf eine bestimmte Struktur seines Handelns fest. Eine Person, die zur Begründung ihrer Handlung anführt, sie habe damit auf jemanden Rücksicht nehmen wollen, oder besser: nur diese Handlung entspreche dem Gebot der Rücksichtnahme, ist dadurch gebunden, auch in anderen vergleichbaren Situationen ihr Handeln entsprechend rücksichtsvoll zu gestalten. Natürlich ist die Person dazu weder kausal noch logisch, sondern lediglich ethisch gezwungen. Es genügt zu akzeptieren, dass unsere lebensweltlichen normativen Begründungen in dieser Weise wirksam werden, und ein Durchgang durch die wichtigsten ethischen Theorien zeigt, dass dieses lebensweltliche Faktum in der einen oder anderen Weise in der ethischen Theoriebildung berücksichtigt wird. Gründe korrespondieren mit Handlungsstrukturen, das Akzeptieren von Gründen korrespondiert mit den entsprechenden großen Entscheidungen. Wie ist diese Beobachtung mit dem kohärentistischen Verständnis struktureller Rationalität in Einklang zu bringen? Legt das Akzeptieren normativer Gründe nicht letztlich doch auf ein Top-Down-Verfahren fest? Der erste Teil der Antwort fällt nicht überraschend aus: Wir akzeptieren normative Gründe nur insofern, als sie in konkreten Entscheidungssituationen eine intuitiv plausible Handlungsanleitung geben. Normative Gründe sind daher einem Bewährungstest ausgesetzt. Sie sind nicht einfach vorgegeben oder gesetzt. Der zweite Teil der Antwort bezieht sich auf die genauere inhaltliche Bestimmung der normativen Gründe.

Rücksichtnahme auf die Interessen anderer ist zweifellos in bestimmten Situationen ein guter Handlungsgrund. Es wäre jedoch ziemlich aussichtslos, ein abstraktes Kriterium der Rücksichtnahme zu bestimmen, das für beliebige Entscheidungssituationen gleichermaßen adäquat ist. Was es heißt, auf die Interessen anderer Personen Rücksicht zu nehmen, zeigt sich erst in den konkreten Handlungssituationen. Gewissermaßen erfährt der abstrakte Handlungsgrund der Rücksichtnahme gegenüber den Interessen anderer erst in den konkreten Entscheidungssituationen seine Interpretation. Wir zeigen in unserem konkreten, punktuellen Handeln, wie wir diesen allgemeinen Handlungsgrund interpretieren und welches Gewicht wir ihm beimessen. Wesentlich ist dabei z. B. die Fähigkeit zur Empathie, d. h. die Fähigkeit, sich in konkreten Handlungssituationen in die Perspektive einer anderen Person hineinzuversetzen. Erst in der Konfrontation mit konkreten Handlungssituationen werden allgemeine Handlungskriterien hinreichend spezifisch. Der konkrete Gebrauch, den wir von dem betreffenden allgemeinen Handlungsgrund machen, bestimmt erst seine Bedeutung. Der Gebrauch muss hinreichend kohärent sein, d. h., die korrespondierenden Handlungsstrukturen müssen sich unter Rekurs auf eine einheitliche normative Begründung rechtfertigen lassen.

Diese weitgehende Parallelität kohärentistischer Begründungen von Entscheidungen und Handlungen einerseits und deskriptiven Urteilen andererseits darf jedoch nicht den Blick auf einen wesentlichen Unterschied verstellen. Offensichtlich spielen Entscheidungen für praktische Gründe eine andere Rolle als für theoretische. Wenn ich mich entschieden habe, ein bestimmtes Gasthaus aufzusuchen (ich hätte mich auch für ein anderes entscheiden können), dann habe ich Grund, in diese Straße einzubiegen oder in diesem Gasthaus anzurufen und einen Tisch zu reservieren. Die Entscheidung macht bestimmte andere Entscheidungen rational, die Entscheidung konstituiert gute Handlungsgründe. Eine vergleichbar starke Rolle spielen Entscheidungen im Bereich theoretischer Gründe nicht. Zwar ist z. B. die Wahl eines Koordinatensystems relevant für die Beschreibung natürlicher Sachverhalte, diese verändern aber an dem Begründungsstatus der betreffenden deskriptiven Urteile nichts. Vielmehr bestehen hier Entscheidungsspielräume nur im Rahmen einer jeweils bestehenden Beschreibungsrelativität. In der wissenschaftstheoretischen Diskussion ist zwar unterdessen weitgehend unumstritten, dass Vorentscheidungen und Hintergrundannahmen eine wesentliche Rolle für die Theoriebildung spielen, eine Rolle, die über eine Beschreibungsrelativität weit hinausgeht. Dennoch wird man, sofern man an einer realistischen Interpretation wissenschaflicher Theorien festhält, einräumen müssen, dass der Spielraum für Entscheidungen zumindest idealiter äußerst gering ist. Die Rolle, die Paradigmen nach einer verbreiteten wissenschaftstheoretischen Auffassung spielen, tut diesem Befund keinen Abbruch. Der Wechsel von einem Paradigma in das nächste zieht andere Beschreibungsformen nach sich und erlaubt – wenn Thomas S. Kuhn Recht hat – keine direkten Theorienvergleiche. Aber selbst in einer auf Paradigmen bezogenen relativistischen Sicht auf die Naturwissenschaften kann die »Entscheidung« für ein Paradigma die Begründungslast für wissenschaftliche Überzeugungen nicht übernehmen. Die Wahl eines Paradigmas erscheint selbst begründungsbedürftig. Der Status eines Paradigmas hinsichtlich wissenschaftlicher Begründungen gleicht dem Status existentieller Entscheidungen für lebensweltliche praktische Begründungen insofern, als die Begründungen von Hypothesen innerhalb eines Paradigmas und die Begründungen von kleinen Entscheidungen innerhalb einer existentiellen Entscheidung (einer Lebensform) verlaufen und nicht von außen, von einem externen Standpunkt, herangetragen werden (können). Dies steht nicht im Widerspruch damit, dass es z. B. ethische Gründe gibt, die nicht zur Disposition individueller Lebensformen stehen. Jede Lebensform muss ethischen Prinzipien gerecht werden, die sie in ihre Handlungsstrukturen integriert und damit zu einem wesentlichen Bestandteil ihrer Begründungen macht.

Zunächst können wir festhalten: Entscheidungen spielen für praktische Begründungen eine bedeutendere Rolle als für theoretische. Wie sich das Verhältnis im Falle existentieller Entscheidungen einerseits und Paradigmenwahlen andererseits darstellt, bedarf noch einer genaueren Analyse. Wir bereiten diese vor, indem wir uns zunächst auf den einfachen Fall kleiner Entscheidungen und ihrer Rolle für praktische Begründungen konzentrieren.

Für die meisten unserer kleinen Entscheidungen können wir Gründe angeben. Wenn sich eine Entscheidung besonders gut in die etablierten Handlungsstrukturen und die mit ihnen korrespondierenden Begründungsrelationen einpasst, stellt sich die Begründungsfrage in der Regel nicht. Wenn jedoch alternative Entscheidungsoptionen wahrgenommen werden und die Entscheidung für eine von diesen nicht unmittelbar einleuchtet, so entstehen für die Person selbst und für Außenstehende häufig Begründungslasten. Uns interessiert hier der Fall, in dem keine zureichenden Gründe für eine kleine Entscheidung sprechen und die Entscheidung damit einen besonderen Status erhält, nämlich Gründe zu kreieren. Dabei lassen sich folgende Fälle unterscheiden:

(1) Der Fall gleichwertiger Entscheidungsoptionen. Dabei sprechen wir nur dann von Gleichwertigkeit, wenn alle relevanten Informationen verfügbar sind. Die Person ist dann indifferent, weil sie beide Entscheidungsoptionen für gleichwertig hält. Um nicht wie Buridans Esel zwischen zwei Heuhaufen zu verhungern, wird sie sich zu einer die Handlungsblockade auflösenden Entscheidung durchringen (müssen). Damit entscheidet sie sich nicht dafür, die eine der beiden Optionen für höherwertig zu halten, sondern bleibt bei ihrer ursprünglichen Einschätzung der Gleichwertigkeit. Die dann getroffene Entscheidung ist doppelt motiviert, einmal, die beste aller möglichen Optionen zu wählen, und zum zweiten, die Handlungsblockade aufzulösen, da es zwei oder mehr beste Optionen gibt.

(2) Wenn unvollständiges Wissen dafür verantwortlich ist, dass sich eine Person zwischen zwei Optionen nicht entscheiden kann bzw. keine zureichenden Gründe erkennt, die eine der beiden Optionen vorzuziehen, dann liegt ein anderer Fall vor, der selbst wiederum in zwei Unterfälle zerfällt:

(2 a) Der erste Unterfall liegt vor, wenn die Erwartungswerte beider Optionen aufgrund der gegebenen Wahrscheinlichkeiten gleich sind. Im entscheidungstheo-

retischen Sinne ist die Person daher rationaliter indifferent zwischen beiden Optionen. In einer Welt ohne objektive Wahrscheinlichkeiten wäre diese Situation jedoch – anders als der Fall (1) – durch unvollständiges Wissen charakterisiert. Wenn wir objektive Wahrscheinlichkeiten zugrunde legen, könnte (2 a) als Gleichwertigkeit bei vollständigem Wissen subsumiert werden.

(2 b) Der zweite Unterfall liegt vor, wenn keine Wahrscheinlichkeiten angenommen werden können. Die Konsequenzen der einzelnen Entscheidungen sind dementsprechend unabschätzbar und führen zu einer besonderen Form der Ratlosigkeit, die man nicht als Indifferenz bezeichnen sollte.

(3) Konfligierende Gründe können ausschlaggebend dafür sein, dass keine der offen stehenden Entscheidungen vor allen anderen vorzuziehen ist.

(3 a) Die Gründe, die für die eine und die andere Entscheidung sprechen, können die beiden Optionen als gleichwertig erscheinen lassen. (3 a) ist aber nicht mit (1) zu verwechseln. (3 a) ist so zu verstehen, dass konfligierende Gründe vorliegen, d. h. solche, die jeweils für die eine und gegen die andere Entscheidung sprechen, und solche, die für die andere und gegen die eine Entscheidung sprechen. Paradigmatisch für (1) sind Fälle, in denen die Person ein Ziel verfolgt und dieses Ziel mit zwei gleichwertigen Entscheidungen erreichen kann. In (3 a) besteht demgegenüber ein echter Konflikt. Die Person entscheidet sich mit der Wahl einer der offenstehenden Handlungen gegen die Berücksichtigung mindestens eines relevanten Handlungsgrundes. Allerdings wird dabei vorausgesetzt, dass die Person das Gewicht der Gründe abwägen kann und zum Ergebnis kommt, dass

die Gründe gleichgewichtig sind und es sich damit um gleichwertige Entscheidungen handelt. In den meisten Fällen konfligierender, aber vergleichbarer Gründe kommt die praktische Abwägung zu einem Ergebnis und befindet eine der offen stehenden Entscheidungen als durch gewichtigere Gründe gerechtfertigt bzw. vernünftig.

(3 b) Davon zu unterscheiden ist der Unterfall, in dem konfligierende Gründe unvergleichlich oder inkompatibel sind. Die Person kann dadurch in eine Ratlosigkeit ganz anderer Art gestürzt werden, welche der offen stehenden Entscheidungen zu treffen ist. Die Diskussion um moralische Dilemmata hat für Situationen dieser Art reichhaltiges Anschauungsmaterial geliefert.

(4) Die extremste Form praktischer Ratlosigkeit liegt dann vor, wenn keinerlei handlungsleitende Gründe in der Entscheidungssituation verfügbar sind. Während im Fall (3) eine Überbestimmtheit der Entscheidungssituation vorlag, handelt es sich nun um eine Unterbestimmtheit. Die Gesamtheit praktischer Gründe erstreckt sich nicht über den gesamten Bereich von Entscheidungssituationen. Es liegt eine Entscheidungssituation vor, für die kein Handlungsgrund einschlägig erscheint. Wesentlich ist aber die Interpretation von »einschlägig«. In der Tat ist es schwer vorstellbar, dass es unmöglich ist, aus dem umfassenden Komplex praktischer Gründe nicht wenigstens einen oder auch einige wenige ausfindig zu machen, die in der betreffenden Entscheidungssituation anwendbar erscheinen. Es genügt anzunehmen, dass diese gegebenenfalls anwendbaren praktischen Gründe nicht ausreichen, um als handlungsleitend einzuleuchten. Situationen dieser Art sind ein Begleitphänomen der

Veränderung der menschlichen Handlungsbedingungen z. B. durch neue Technologien. Die durch die Gentechnik heute schon realisierten oder sich abzeichnenden menschlichen Handlungsoptionen, die es in dieser Form zuvor nicht gegeben hat, bieten dafür zahlreiche Beispiele. Die verschiedenen in den vergangenen Jahren entstandenen Bereichsethiken von der Bioethik bis zur Wissenschaftsethik kann man wenigstens zu einem Teil als Reaktionen auf diese spezifische Ratlosigkeit verstehen.

In den Fällen (1), (2 a) und (2 b) sowie (3 a) liegt keine Inkohärenz im System praktischer Gründe vor. Bestenfalls könnte man in (2 b) eine Inkohärenz im System theoretischer Gründe vermuten, da man die Auffassung vertreten kann, dass es immer möglich sein sollte, Wahrscheinlichkeiten für unsichere Alternativen anzugeben. Gleichwertigkeit der Art (1), (2 a) und (3 a) ist jedoch kein Grund, Kohärenzprobleme zu vermuten. Wichtig ist lediglich, dass Gleichwertigkeit nicht zur Entscheidungsunfähigkeit führt, d. h., dass die Person eine die Handlungsblockade auflösende Entscheidung fällt, wie immer diese zustande kommt.

Auch wenn in diesen Fällen keine ungelösten Konflikte praktischer Gründe oder eine Unvollständigkeit der normativen Beurteilung vorliegt, so hat die Entscheidung doch einen besonderen Status. Sie ist nicht bloßer Ausdruck eines erfolgreich abgeschlossenen Abwägungsprozesses oder Ausdruck einer ohne jede Abwägung sofort eindeutigen Befolgung überwiegender Handlungsgründe, sondern ist, wenn einer dieser Fälle vorliegt, willkürlich. Die Entscheidung hätte auch anders ausfallen können, ohne dass dagegen überzeugende Gründe geltend gemacht werden könnten. Da auch eine »harmlose« kleine Entscheidung weitreichende Folgen nicht nur für den Kontext der dann wirksamen Gründe, sondern auch für die sich daraus ergebenden neuen Entscheidungssituationen haben kann, sind Entscheidungen dieser Art in besonderer Weise gestaltend. Die als Ergebnis des Abwägungsprozesses entstandene Indifferenz darf nicht dazu verführen, es für irrelevant zu halten, ob sich die Person so oder anders entscheidet. Auch in der Wissenschaft treten Fälle auf, die durch ein Gleichgewicht theoretischer Gründe für die eine und die andere Hypothese geprägt sind. Auch in diesem Fall kann man von einer gewissen Entscheidungswillkür sprechen. Dennoch unterscheidet sich diese Situation dadurch, dass eine solche Hypothesenwahl immer nur unter Vorbehalt erfolgt. Sobald das Gleichgewicht der theoretischen Gründe z. B. durch zusätzliche Informationen aufgelöst wird, steht die wissenschaftliche Hypothese vollständig zur Disposition. Anders bei lebensweltlichen kleinen Entscheidungen, die, einmal getroffen, den weiteren Gang der Dinge beeinflussen und für sich genommen eine begründende Kraft entfalten.

In den Fällen (3 b) und (4), also in Fällen dilemmatischer Entscheidungssituationen oder solcher, in denen die vertrauten Gründe nicht einschlägig sind, haben wir es mit einer ernsthaften Kohärenzproblematik zu tun. Die Unvollständigkeit bzw. Inkompatibilität des gegebenen Systems praktischer Gründe zwingt die Person, wenn sie nicht in einer Handlungsblockade verharren will, dazu, qua Entscheidung eine Auflösung herbeizuführen. Diese Entscheidung selbst kann dann wieder begründende Kraft entfalten, da sie die bestehende Inkohärenz bzw. Unvollständigkeit durch eine im System der gegebenen Gründe nicht rechtfertigbare Entscheidung auflöst. Auch wenn die betreffende Entscheidung die Handlungsblockade auflöst, so bleibt die Herausforderung für das gegebene System praktischer Gründe bestehen. Entscheidungssituationen, die nur dezisionistische Lösungen erlauben, sind für eine vernünftige Person nicht wünschenswert, da sie die Möglichkeit beinhalten, falsch gehandelt zu haben. Dies ist der Unterschied zwischen dilemmatischen (3 b) und unterbestimmten (4) Entscheidungssituationen einerseits und denjenigen, die durch die eine oder andere Form der Gleichwertigkeit bestimmt sind – (1), (2 a), (2 b), (3 a) –, andererseits.

Wenn bei kleinen Entscheidungen dilemmatische oder unterbestimmte Situationen auftreten, wirft dies Fragen auf, die über die konkrete Situation und ihre mögliche Auflösung hinausgehen. Die akzeptierten Gründe müssen revidiert werden. Da akzeptierte Gründe die eigene Lebensform bestimmen, mag es, um Kohärenz herzustellen, notwendig werden, diese teilweise zu verändern.

Während für kleine, in eine gegebene Lebensform eingebettete Entscheidungen dilemmatische Situationen und Unterbestimmtheit selten sind, scheinen diese für große (existentielle) Entscheidungen geradezu charakteristisch zu sein. Dies erklärt sich daraus, dass mit existentiellen Entscheidungen eine Verschiebung der Wertmaßstäbe verbunden ist. Die Entscheidung selbst ändert gewissermaßen die Kriterien ihrer Beurteilung. Wenn wir unter »existentiellen Entscheidungen« solche verstehen, die insofern besonders »groß« sind, als sie die Lebensform insgesamt tiefgreifend beeinflussen, dann liegt es auf der Hand, dass die Rationalitätsmaßstäbe kleiner, alltäglicher Entscheidungen hier nicht mehr wirksam sind. Auch wenn ein wesentlicher Teil der Handlungsgründe beim Übergang von kleinen zu großen Entscheidungen unverändert bleibt, da sie gegenüber den gewählten Lebensformen invariant sind – und das trifft insbesondere auf einen Teil der ethischen Gründe zu –, so sind doch sicher die meisten Handlungsgründe von der gewählten Lebensform geprägt. Existentielle Entscheidungen – wie die der Berufs- oder der Partnerwahl – lassen sich daher in geringerem Maße rationalisieren als kleine Entscheidungen. Die kohärentistische Einbettung einer Entscheidung in den Kontext einer Lebensform und der sie leitenden Gründe lässt sich auf existentielle Entscheidungen nur in einem geringeren Maße und im Grenzfall gar nicht anwenden. Die lebenskluge Maxime, bei unwichtigen Entscheidungen genau abzuwägen und bei wirklich wichtigen Entscheidungen der Intuition zu folgen, hat daher einen rationalen Hintergrund. Wenn unsere in die jeweilige Lebensform eingebetteten Handlungsgründe keine oder eine widersprüchliche Orientierung bieten, ist eine Entscheidung, die die eigene Unsicherheit vermindert, durchaus vernünftig. Ein ängstliches Schwanken und immer wieder erneutes Abwägen zwischen unterschiedlichen existentiellen Entscheidungen führt in der Regel nicht zur Rationalisierung, sondern gefährdet die konsequente Verfolgung des einmal eingeschlagenen Weges. Das Gefühl, mit sich im Reinen zu sein, ist Ausdruck einer kohärenten Lebensform, es begleitet ein gelungenes Leben und trägt zum Gelingen des Lebens bei.

Nachwort

Das heute dominierende Paradigma praktischer Vernunft ist *subjektivistisch*, *konsequentialistisch* und *reduktionistisch*. Mit diesem kleinen Essay habe ich versucht, in möglichst kompakter Form die philosophischen Grundgedanken darzustellen, die für ein anderes Paradigma sprechen, das hinsichtlich praktischer Gründe *objektivistisch*, hinsichtlich normativer Kriterien *strukturalistisch* und hinsichtlich der Einbettung in eine Lebensform *kohärentistisch* ist.

Ein wachsendes Unbehagen am dominierenden Paradigma ist unverkennbar. Es äußert sich nicht nur in der praktischen Philosophie, sondern auch in Grundlagendiskussionen der Ökonomie. Zahlreiche Autoren scheinen von ähnlichen Zweifeln geplagt zu sein, um nur einige wenige zu nennen: Jon Elster, David Gauthier, Jean Hampton, Edward McClennen, Martin Hollis, Robert Sugden, Michael Slote. Dennoch ist das etablierte Paradigma stark, weil es seit Jahrzehnten wissenschaftliche Forschungsprogramme prägt, und es setzt sich erfolgreich zur Wehr, z. B. indem es neue Analysemethoden der Iteration und der evolutionären Stabilität entwickelt. Seine Defizite bestehen jedoch fort. Die rationale Entscheidungstheorie ist ein zentrales Element dieses Paradigmas und die unbestreitbare Leistungsfähigkeit der Entscheidungs- und Spieltheorie stützt ihrerseits dieses Paradigma. Im Unterschied zu anderen Dissidenten bin ich nun der Meinung, dass man die Entscheidungstheorie unangetastet lassen, sie aber auf ihre kohärentistische Interpretation festlegen sollte. Die strittigen Elemente des Paradigmas – Subjektivismus, Konsequentialismus und Reduktionismus – stehen dann zur Disposition und werden einer philosophisch attraktiven Alternative nicht standhalten. Ob es gelungen ist, mit diesem Essay eine solche Alternative zu skizzieren, kann nur der Leser entscheiden.

Seit einigen Jahren hat sich die praktische Philosophie wieder stärker grundsätzlichen, erkenntnistheoretischen und motivationalen, Fragen zugewandt. Das Thema der Handlungsgründe erfährt dabei besondere Aufmerksamkeit. Ich habe hier sowohl für ein *objektivistisches* Verständnis praktischer Gründe als auch für eine *kohärentistische* Konzeption der Begründung einzelner Handlungen plädiert. Beide Elemente der Argumentation lassen viele Fragen offen. Dennoch sind Kohärentismus und Objektivismus essentielle Elemente der Konzeption struktureller Rationalität. Tim Scanlon hat unterdessen eine umfangreiche Studie vorgelegt – *What We Owe to Each Other*, Cambridge/London 1998 –, dic einer Widerlegung des Subjektivismus (bezüglich Gründen) zumindest nahe kommt. Meine eigenen Auffassungen stimmen mit Teil 1, »Reasons and Values«, weitgehend überein. Thomas Nagels *The Possibility of Altruism*, Oxford 1970, und Tim Scanlons *What We Owe to Each Other* scheinen mir von einem ähnlichen normativistischen und objektivistischen Geist geprägt zu sein wie der vorliegende Essay.

Die meisten Kritiker der von David Hume inspirierten Standardauffassung praktischer Rationalität gehören zur Gruppe der Naturalisten. Sie teilen zwar die Kritik der *desire-belief*-Theorie, bestreiten aber die Existenz normativer und objektiver Gründe. In einer soeben erschienenen, interessanten Studie schlägt Rüdiger Bittner vor, Gründe als »responses« gewissermaßen zu entrationalisieren (*Doing Things for Reasons*, Oxford 2001). Was nun die Konzeption kohärentistischer Begründung betrifft, so kann immerhin darauf verwiesen werden, dass es überzeugende kohärentistische Analysen wissenschaftlicher Theorien gibt, vgl. Thomas Bartelborth, *Begründungsstrategien*, Berlin 1996. Wenn meine These zutrifft, dass theoretische und praktische Gründe (deskriptive und normative Theorien) in analoger Weise strukturiert sind, dann bedarf es keiner spezifischen Ausarbeitung des Kohärentismus für normative Theorien.

Es gibt eine dritte Lücke. Sie betrifft das Verhältnis struktureller Rationalität zur Entscheidungstheorie. Ich habe in meinem Essay die Auffassung vertreten, die Entscheidungstheorie sei mit der Konzeption struktureller Rationalität nicht nur vereinbar, man könne sie sogar als eine Art Rahmentheorie konativer Einstellungen und normativer Urteile verstehen. Die Kriterien der Wahrscheinlichkeits- und der Entscheidungstheorie prüfen, ob unsere propositionalen Einstellungen minimalen Standards der Kohärenz genügen – nicht mehr, aber auch nicht weniger. Beide Theorien legen nicht auf die richtigen Wahrscheinlichkeits- oder Wünschbarkeitsurteile fest und sie sind mit einer großen Bandbreite epistemischer und konativer Einstellungen vereinbar. Wer sich für die Begründung dieser Auffassung interessiert, muss auf andere Publikationen verwiesen werden: meine *Kritik des Konsequentialismus*, München 1993, sowie *Economic Rationality and Practical Reason*, Dordrecht 1997, und Teil 2 meiner *Ethischen Essays*, Frankfurt a. M. 2001.

Dies sind drei Lücken, die ich bewusst gelassen habe. Zudem gibt es Lücken, auf die mich aufmerksame Leser des Manuskriptes hingewiesen haben. Manche habe ich zu füllen versucht, andere nicht, weil ich mich an den mit dem Reclam Verlag vereinbarten Umfang halten wollte.

Besonders dankbar bin ich Wolfgang Spohn, der das gesamte Manuskript gelesen und wertvolle Anmerkungen gemacht hat, sowie Rüdiger Bittner für seine ausführlichen Kommentare zu meinem Konzept praktischer Gründe.

Der vorliegende Essay steht in einem größeren Forschungszusammenhang. Daher möchte ich der Deutschen Forschungsgemeinschaft für die Förderung eines von mir beantragten Projektes »Strukturelle Rationalität« in den Jahren 1997–2000 und Thomas Schmidt, meinem Mitarbeiter in diesem Projekt, danken, sowie dem Zentrum für Interdisziplinäre Studien der Universität Bielefeld für eine von Wolfgang Spohn und mir veranstaltete Fachtagung

»Rationality, Rules and Structure«, deren *Proceedings* unterdessen (bei Kluwer, Dordrecht 2000) erschienen sind.

Schließlich danke ich dem Reclam Verlag für sein Verständnis dafür, dass das fast fertige Manuskript wegen meiner im Juli 1998 begonnenen kulturpolitischen Aufgaben erst einmal liegen bleiben musste.

München, im April 2001 *JNR*

Zum Autor

JULIAN NIDA-RÜMELIN, geboren 1954 in München, studierte Philosophie, Physik, Mathematik und Politikwissenschaft in München und Tübingen. Lehrte Philosophie in München, Minneapolis (USA), Tübingen, Göttingen und seit 2004 wieder in München.

Wichtigste Buchpublikationen: *Kritik des Konsequentialismus* (1993), *Logik kollektiver Entscheidungen* (1994; zus. mit L. Kern), *Angewandte Ethik* (1996), *Economic Rationality and Practical Reason* (1997), *Demokratie als Kooperation* (1999), *Ethische Essays* (2001), *Über menschliche Freiheit* (2005), *Humanismus als Leitkultur* (2006), *Demokratie und Wahrheit* (2006), *Philosophie und Lebensform* (2009), *Verantwortung* (2011), *Die Optimierungsfalle. Philosophie einer humanen Ökonomie* (2011), *Der Sokrates Club. Philosophische Gespräche mit Kindern* (2013), *Der Akademisierungswahn. Zur Krise beruflicher und akademischer Bildung* (2014).